Holy Sign《ホーリーサイン》

神さまの
アドバイスを
受けとる方法

佐川奈津子
Natsuko Sagawa

フォレスト出版

Holy Sign

PROLOGUE

001

プロローグ

豪雨の中で鳥の声が響く、ぬるい夏の午後のことでした。イギリス郊外のバースにあるマナー・ハウスのテラスで、二人の男女が向き合いチェスをしていました。

パディントン駅から特急で一時間半ほど乗るこのバースは、その名の通りお風呂(Ｂａｔｈ)の語源であり、温泉地である街全体が世界遺産になった場所。このマナー・ハウスは中世ヨーロッパの荘園（マナー）領主が建築した邸宅をホテルにしたもので、下級の貴族が所有していたものだというのに、乗馬もできる広大な庭の敷地には、小さな教会も建てられているほどでした。今日はその何もかもが、ザアザアと降りしきる雨に濡れていました。

「いくらあなたが雨男だからって……イギリスまで来てこんな雨を引き寄せなくていいのに。おかげでアーサー王の側近、預言者マーリンの生まれたウェールズにも行きはぐって、ウェールズのカフェの苺ババロアも食べはぐった」

黒い馬の形をしたナイトの駒を動かして、女はそっと男を睨みました。

「雨の日にびしょびしょになって三時間もドライブなんて、ナンセンスだよ。君はマーリンの何を知りたかったの？」

００２

　そう言うと、すぐに男が白い冠の形のクィーンの駒を動かしました。

「うーん」と女は、男の白いクィーンの動きに考え込みながら言いました。

「数々の未来を言い当てた、預言者マーリンの審美眼って、どんなものだったのかな、とか。『ブリタニア列王史』を読んでもそこは書かれていないし、ウェールズを旅したらそれがわかる、というわけでもないけれど」

　軽く肩をすくめた女に、男は言いました。

「ということは、君は、預言者の〝物の見方〟に興味があるということ？」

「そう、そうかもしれない」

「なら今日はチェスをしながら、そんな話をしてみようか」

「あなたはとても博学だけど、とうとう預言者の心得も教えてくれるの？」

「どうせ君は、駒を動かすまでじっくり考えるだろ？　時間は、たっぷりある」

「だって、せっかくやるなら勝ちたいもの」

「確かに戦いが多かったアーサー王の時代には、勝負に勝つか負けるか？　その預言が大きな役割だったから、そんな話をするのにふさわしいかもしれない」

「おもしろそう！　けど……またいつもの難しい話をして、私を混乱させて、このゲームに勝とうとしている？」

「ふふふ、まさか。その反対。君が必ず、勝てるようになる話をしてあげる」

「まあ……いいの？」

「勝てない人が強くなれなきゃ、それは〝預言者の審美眼〟の導きとは言えないだろ？」

「ふふ。それはそうね」

「雨予報は止みそうにない。今日はゆっくりチェスをしながら……僕が感じてきた、君にはまだ話していなかったこともある、〝人生に勝つための審美眼〟を。もう一度聴いてくれるかい？」

「もちろん、喜んで」

「そう、僕にとって人生は——まるでチェスに似た〝大いなる心理戦〟だ」

男は降りしきる雨を見上げて、静かに呟きました。

Holy Sign

CONTENTS

目次

Holy Sign

CHAPTER
01

第１章

仕事・「昇進」

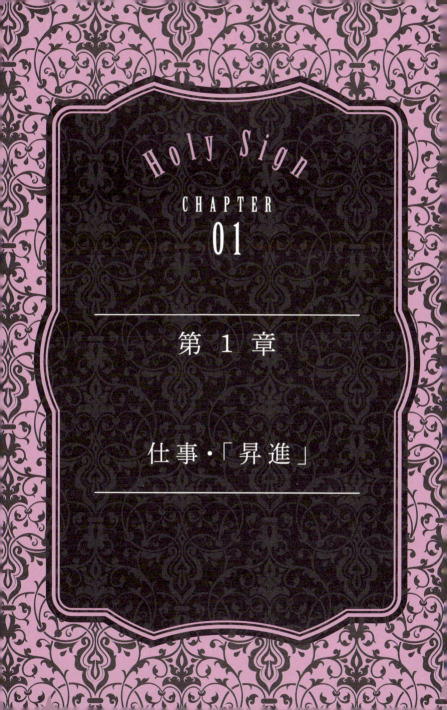

006

「もう、限界だな……」と、僕はふと何かに突き動かされるように、仕事場のデスクから立ち上がった。その途端、出会い頭にぶつかったのが、僕等のコンサルティング会社のライバル社の社長だった。

彼は、我が社のボスとビジネススクールの同級生で、同時期に独立した仲だった。僕と社長は、さほど年が違わない、時々お互いの業績の報告も兼ねて現れる、健康的な間柄だ。

僕からの視点だが、この社長の方針は、企業の数字の伸びが一見遅く見える。が、ある起点を過ぎると、爆発的に売上を伸ばすケースがちらほら現れるのが、注目すべき特徴だった。

彼は、ぶつかった僕に笑いながら、こう言った。

「丁度良かった。何だか今日は、君と話がしたくてね。ふらりと来たら、君から俺に飛び込んで来た」

「すみません、ボスではなくて僕に？」

「そう。今日は、君に」

＊

それは**とても自然な流れ**だった。

僕はライバル会社の社長と小さなテラスで向かい合い座っていた。

「君が感じた〝限界〟とは？」

「そうですね……我が社の方針では、これ以上クライアントの業績を伸ばせない、そのことを**僕はわかっているのに、それを一緒に自分のボスや仲間と生きられないこと**……ですかね……**僕の**器の小ささの**限界**ですね」

「響き合えない関係性は、そこに確かに器の差異がある」

「はい。ボスの方針は、優秀な資格や学歴で人を採用し、パフォーマンスが上がるようフレキシブルタイムを最優先に整えたり、時間のリラクゼーションを重視します。でも、これでは売上を演繹的には出せないのも統計的に明らかなんです。時間をいくら有効化しても、その時間を穏やかに過ごせる社員の**心の感情を養わない限り**、社内での対人ストレスやクレームはまた繰り返されます。人間関係のストレスを加速させてしまう社内クレー

0 0 8

マーを減らすコンサルティングの肝は、**社員の時間のコントロールではなく、感情のコントロール**だからです」

気づくと僕は他社の社長に、**本音をありのまま話せていた。**

どんなクライアントの話もいつもゆったりと聞く彼の姿勢が、前から僕は好きだった。今日もまさに、彼の器にそっと乗せられて話をしてしまったのだから、彼こそが感情のコントローラーだと評価できる。

僕の洞察に、社長は深く同意した。

「仲間の他者否定をするクレーマーは、問題が起こった時に自分ではなく、一番に**相手を責めるジャッジが強い。自分は正しい、相手だけが悪い、という論法**だ。**このタイプは、実は心の奥は真逆で、ほとんどが自己否定の強い人間**だ。おもしろいほど、ここは必ず連動している。密かに自分を激しく否定して、ぞっとするほど自分を嫌っているから、自分に自信がない。それを隠すために猛烈に仕事をしたり、能力や成績を上げるから、他人の評価や相手の顔色を異常に気にかけるという、矛盾と葛藤が多い。

つまり〝**相手を責めているのは、実は自分を責めているのを、隠すための代替えの投影**〟なんだ。**責めまくるエネルギーが、自分にも相手にもただ乱暴に、全てに表現されてしまう**んだよ」

「わかります。**正義感の強いタイプは、必ず、自分の正義を証明するために、問題を繰り返し自分が作り出している**ことに、気づけない。**自分の正義を認めてもらいたい承認欲求が強い**ので、陰では困った人だと避けられていることさえ、セルフリサーチできないのです」

「**投影とは、**自分が全く見えなくなる、文字通り、**自分の内面の暗部の中に自ら投げ出されている状態**だ。正義感の強さは所詮、怖がりの反動だ。これは、心理学の世界では初級編だよ。目の前の問題に対して、一瞬でも相手を責め始めたら、即座に〝**この問題を繰り返し作っているのは、自分だ**〟、**そう一番に自分の感情を見つめる審美眼を持つ。**これができないと、次世代のチームプレイは、まず不可能だろう」

「僕も自分にもそう思っています。それが、今の会社に対する、自分の器の小ささなのだ、

Holy Sign

CHAPTER 01

第1章　仕事・「昇進」

という実感です」

「でも今、まだ君は、自分の中の葛藤を社内の問題にまでは作り上げてはいない。だからこそ、**気づいた今の、この瞬間の決断が大切**だ」

＊

ストレスフリーにすることが社内の数字と士気を上げるのであれば、コンサルティングとは心理学だ。僕が十年間この仕事をして観察した結果は、感情のコントロールができる社員が増えるほど、企業内のチームプレイを邪魔するストレスが消えるので、突然、驚異的に売上の数字が伸びる。

社長の洞察は、全て僕と同じ。響き合える多幸感の中で、僕は続けた。

「御社では、やはり感情のコントロールを指導していたんですね？　だからあの売上の伸びを出せていたんだ」

「いやいや、まだ俺一人が提案して、アベレージをとっている最中だよ。うちは個人個人のコンサルタントの個性を尊重しているから、社内の全員が、この方針を採用しているわけじゃない。感情は目に見えず、計れないものだしね。起業家やコンサルタントたちは、まさに計れないことが怖いので、感情の整理から逃げてしまう。それこそが、大きなトラップなんだけれど」

「そうか……御社の数字の伸び率が、まだ安定していない理由はそれですね？　なら僕は、それをあなたの会社の中でやってみたいな」

「おもしろい。うちの社内もこちらのボスも納得させるには、最初は低い給料でのスタートはどうかな？　君は必ず結果を出すから、直ぐに給料は、みんな以上だ。歩合制のパーセンテージのリクエストは、また後日、必ず」

「ありがとうございます、ぜひそれでやらせてください」

「今日のタイミングは、やっぱりギフトだった。ありがとう」

僕は、あの社長の笑顔を、きっと忘れることはないだろう。

＊

「それ、ヘッドハンティングですよね！　社内から見たら、叛逆行為。良心とか咎めないタイプなんですか？」

　勘のいい女性社員が、早速、僕の聞き出し調査をして言った。

「咎める？　まさか。罪悪感を持ったら最後、自己否定と他者否定の罠に自分が落ちるだけさ。僕の幸せ無しに、ここでもどの会社でも、この先の僕の業績は生まれない。**人は常に、幸福な本音と共振共鳴するところへ流れていく。**それが自然なことだ。目先の金額じゃない。**人には心、本音がある。その心を、お金や虚栄心、プライドや保身と引き換えにしたら、人生は一からまたやり直し**だ。僕が本音に正直に生きた時、必ず世話になったこの会社にも恩恵が現れる。だからこそ、僕は行くよ」

「ふふふ。葛藤がないですね、相変わらず！」

　そう、彼女は笑った。

Holy Sign

CHAPTER 01

第1章　仕事・「昇進」

第1章 仕事・「昇進」での調和の見方のポイント

相手を責めるジャッジが強く「自分は正しい、相手だけが悪い」という傲慢で高圧的な態度の方は、実はほとんどが真逆です。

「私はまちがっている。私が悪い」と、ご自分にしている自己否定を相手のせいにして、ご自分がしているジャッジを見つめることから逃げてしまっているのです。

本当の姿は、人一倍怖れが強い、繊細なタイプです。

他者否定が強い攻撃的な方には、あえて優しく接してさしあげることができると、調和が速まります。

人間関係のストレスから湧き上がる否定的（ネガティブ）な感情は、**時間的休暇では、根本の否定的感情の源は消せません。**

心の中の否定的な感情を肯定的な感情へと戻していくためには、否定的な感情を丁寧に見つめ（内観）、自分へのあたたかい感情を育て、自分に優しく接する習慣をつけることです。

それをしない限り、何度でも対人関係の問題となって、否定的な感情を味わう経験が繰り返されます。

つまり、「この問題を繰り返し作っているのは、相手ではなく、自分が自分にしているジャッジである」。そう〝自分軸の審美眼〟を持つことが、最速で調和を創り出せます。

人は常に、本音と共振共鳴するところへと流れていきます。
人は心の奥に、必ず本音があります。
その本音は、お金では買えません。
自分や相手の本音と丁寧な対話をするだけで、その本音は、鏡の現実世界に自然と映し出され、具現化していきます。

ご自分の本音を大切に、批判をせずに、あたたかい気持ちで観察し、ただ見つめていること。それが、本音を愛する、という生き方なのです。

Holy Sign

CHAPTER 01

第1章　仕事・「昇進」

Holy Sign

CHAPTER 02

第 2 章

仕事・「お金」

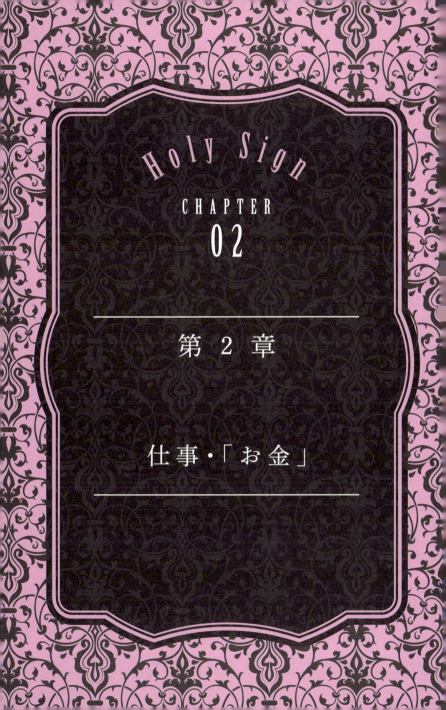

「よくそんな条件でここに来たなあ！」

早速、新しい会社に移籍した僕を、二人の男性の先輩達が囲んだ。

この会社では、やりたかった感情のコントロールのコンサルができることこそ、僕にとっての最高最善の条件であり、その質問自体が不思議だった。

「だって、前の会社の方が、もっと給料も高かったろう？」

先輩達のあまりに無邪気なコメントに、僕は思わず声をあげて笑った。

そこに、出勤した社長もやってきた。

「何やら、随分楽しそうだな」

「おはようございます。いえ、移籍の僕の給料の査定額を〝そんな過小評価でいいのか？〟と、ねぎらってくれるので、つい可笑しくて」

「ほう。入社一日目で、君はもう自分の手の内を明かしたの？」

僕と社長のやりとりに、勘のいい先輩達は、好奇心旺盛に乗り出してきた。

「社長、前任の会社よりも低い査定のヘッドハンティングなんて、聞いたことないですよ？」

「その手の内とやらを説明して下さい。僕等が、新しい仲間のお互いの方針を尊重するためにも」

僕は、ホワイトボードに書き込みながら、説明を続けた。

「つまり僕は、自分の給料を〝自分への評価〟だけとは考えていないのです。僕は〝**お金とは全体の調和のための便利な道具だ**〟と思っているから」

「え？　どういうこと？」

食いつく先輩に、眺めていた社長の顔は愉快そうにほころんでいた。

「前社のボスと社長は親友で、繋がりはずっと続いていきます。僕は、自分のやりがいに正直にいながらも、その調和を大事にする責任がある。だから、僕の給料が一旦低くなった方が、全員の感情は、案外、不思議と和らぐものなのです。**お金はマッチ**であり、僕は、**お金とは全体の調和の高さをマッチングさせる繋ぎ役**だと思っているから」

「というと、君はボスたちのその……感情や心象を和らげるために、ペナルティを自ら低い給料で引き受けたってこと？」

「はい。僕は、本当はやってみたかったコンサルティングが、前社ではメインテーマでは採用されなかった。でも、社の方針に従った対価として、高い給料を貰っていました。僕の本音を隠した上での、評価として」

「確かに、君の手腕はよく聞いていた」

「ありがとうございます。だからこそ、突然、僕のやり方を採用してくれるライバル会社に、今以上の給料で移籍をしたら、良くしてくれたボスや、仲間の心象は複雑です。どこかで僕にペナルティを望む**投影**の心が、正直、生まれないわけではない。人間ですからね」

「そういう心理学的な感覚が、直ぐに彼とは感じ合って一致できたんだ」と、社長が合いの手を入れた時、僕は、改めて自分の本音に気がついた。

そう。僕は、**感じ合うビジネスがしたかった**のだ、と。

その時、やりとりを見ていた二十代らしきインターン生二人が、話に加わってきた。口火を切ったのは、見るからにおっとりした男子大学生の方だった。

「あの……**お金はマッチ**って、どういう意味ですか？」

「私も知りたいです、その〝視点〟を」

次に乗り出してきたのは、頭の回転の速そうな、大学院の女子大生だ。

「珍しいな、普段は無口な二人まで」

社長がますます楽しげな眼をするのに頷いて、僕はボードに書き込み、先輩とインターン生達に話を続けた。

「例えば、様々な高さの石がごろごろした、でこぼこの床があったとして。この高さの違う石を、パテでならして埋めたら、等しい高さの平らな床になる。この【高さが違う石が、人】で、その【間を埋めるパテが、お金】です。それが、**お金とは全体の調和の高さをマッチングさせる繋ぎ役**の見方です」

「ふむ。それは例えば、高い石である存在を、富裕層に見立てたら、お金というパテを発展途上国にドネーション（寄付）をして、豊かさを均等にしようとする意識に似ているね」

と、先輩。

「**全体の調和の高さをマッチングさせる繋ぎ役**は、寄付のイメージだと説明された

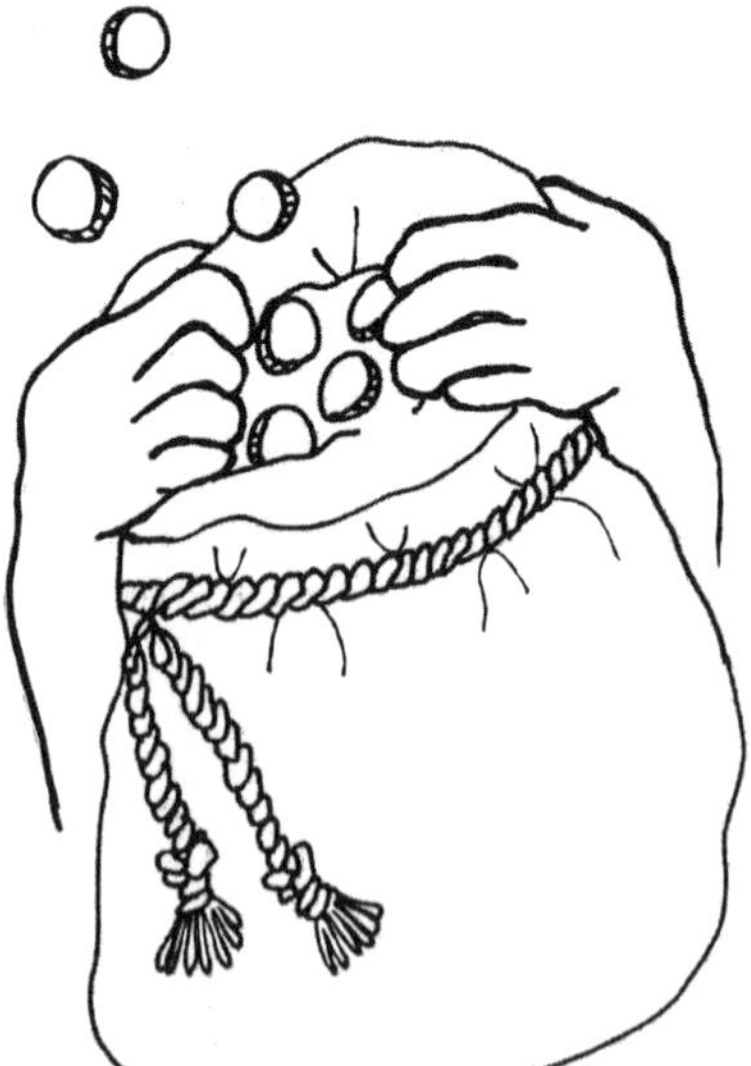

Holy Sign

CHAPTER 02

第2章　仕事・「お金」

ら、私も理解できます」

社長はマーカーを手に取って続けた。

「でも、**全体の調和の高さをマッチングさせる**とは、ドネーション（寄付）だけでなく、全てのビジネスに言えることじゃないかな？　商品の値段とは、その価値に支払われる。我が社のコンサルティングに企業から払われる値段も、売上に貢献できた時だ。望む以上の売上までに、足りなかった不足を我が社が埋められた時、彼らが望む高さに売上を伸ばせた対価だ。ということは、**低いところから高いところへ。高さをマッチさせた空間が、俺達の価値で給料（お金）**になる」

「確かに、お金を〝自分への評価〟とだけ考える見方は、自分のひとつの石にだけ、高くパテを積み上げてしまう図式になりそうだけど……実際はそんな風に僕等の給料が派生はしていないですね。全体の高さが伸びる貢献ができた時、そこを埋めたパテが、僕達全員分のお金になっていますね」

興味深そうな先輩に、社長は続けた。

Holy Sign

CHAPTER 02

「そうなんだ。そして、ここで最も大事なことは、間を埋める**調和のパテとしてお金を使った中心にいる、彼のその視点と感情のエネルギーに、同じ調和のエネルギーが還ってくる相対性の力学がある**——つまり、パテ（お金）が、360度の四方八方から、調和的に引き寄せられてしまうので、彼のペナルティ分も、あっという間に回収できてしまうんだ」

「それは、報酬という形で、ですか？」

「彼の場合は、恐らくそうなるね」

「社長がそんな考え方を持っていたなんて、初めて知りましたね！」

「どういった統計学なんです？」

先輩達は、社長に質問を続けた。

「強いて言うなら、心理学と宇宙論が混ざった形而上学かな。放ったものが還る、相対性、相似性の法則とも言える。**最初の動機で、調和のエネルギーを放ったなら、与えた調和がそのまま還ってくる力学**だ。繁栄の法則だね」

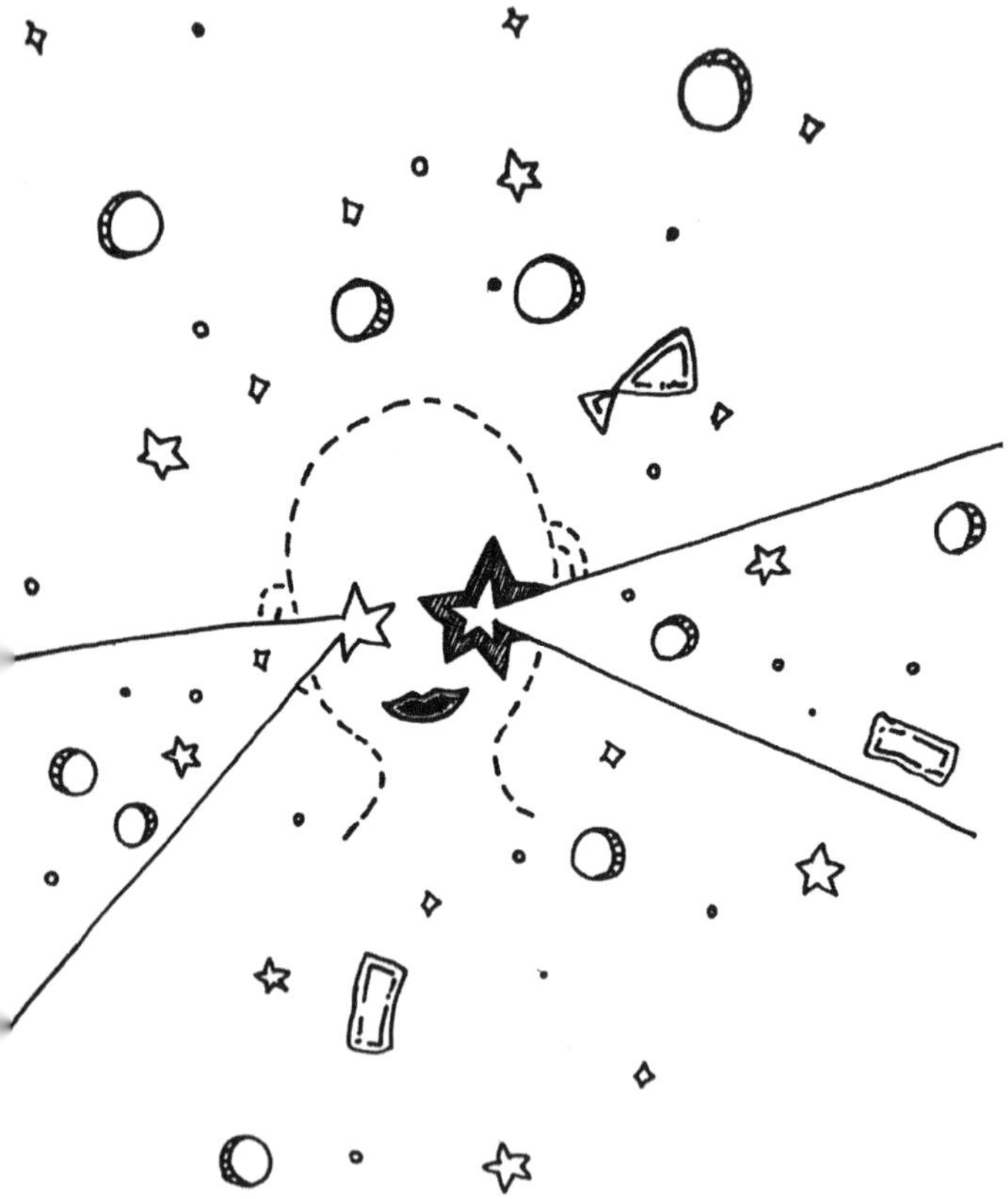

Holy Sign

CHAPTER 02

第2章 仕事・「お金」

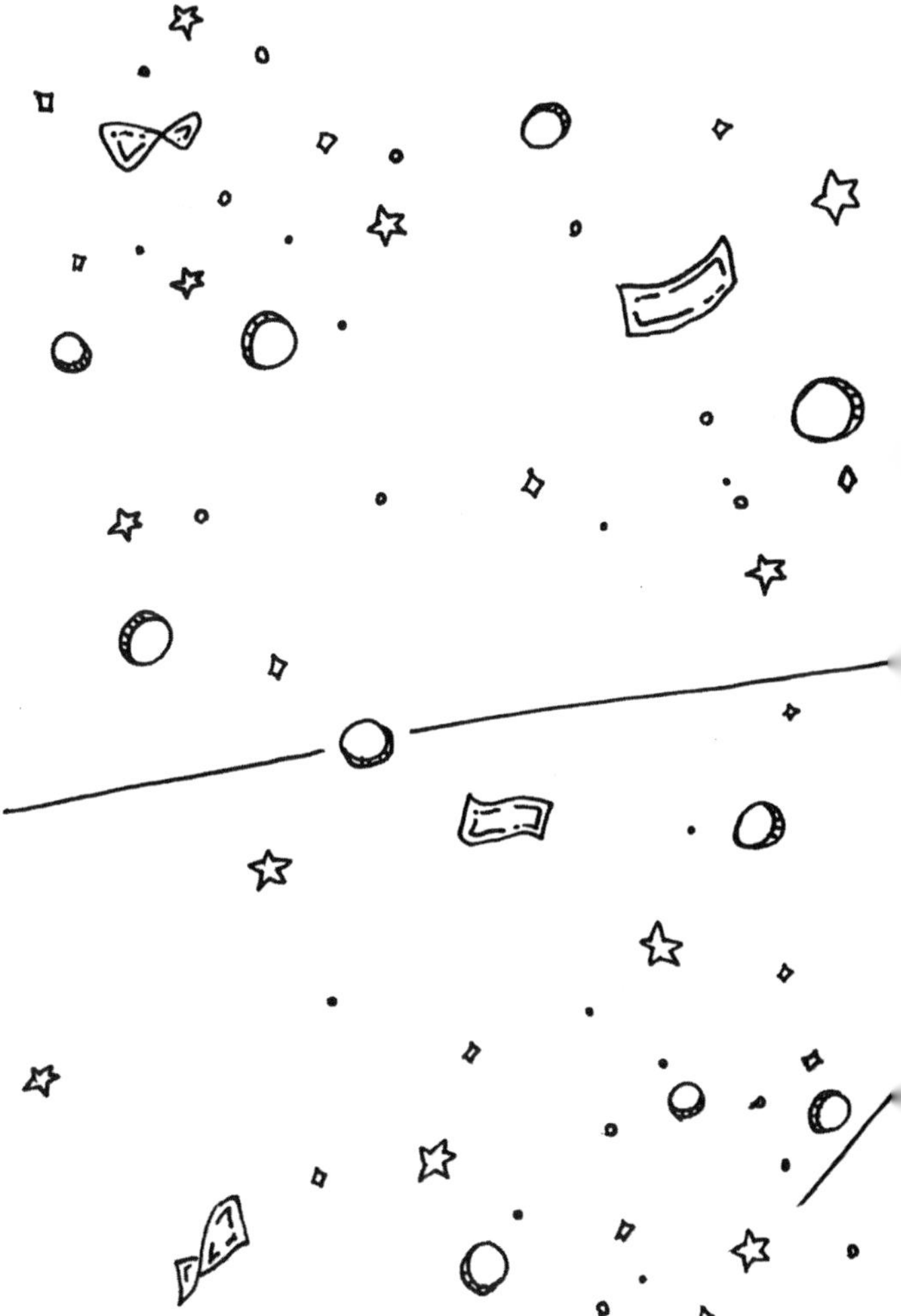

「確かに、長期的に成功している経営者は、平和的で温厚な考え方の人物が多いですね」

すると、女子大生が訝しげに呟いた。

「もしかしてそれは……スピリチュアルの法則ですか？」

僕はすかさず、彼女のその**疑う否定的な感情のエネルギーを別な方向へ投げた。**

「まあ何の法則にしても、調和の道具に給料を使った僕に、調和したお金が再び引き寄せられたら、それをまたこの会社の調和に差し出しますよ」と、わざと肩をすくめてウィンクをしたら、先輩達がドッと笑った。

「君は自信家だな。この結果、見てみようじゃないか。お金（売上）の実験だ」

社長も力強く微笑んで、続けた。

「ここで大事なことは、**自分はこの中心軸で、調和の視点を持ち続ける人間としていられるかどうか**？　なんだ。お金の実験を体験したいのなら、この**中心軸に入った人だけが、その調和の豊かさの結果を受けとる**のだから」

社長の見解に、僕も大きく頷いた。

第2章　仕事・「お金」での調和の見方のポイント

お金とは、全体の調和の高さをマッチングさせる繋ぎ役である、という見方をしてみます。

【高さが違う石が、人】で、その【間を埋めるパテが、お金】と見た時に、高い石である存在を富裕層に見立てたら、お金というパテを発展途上国にドネーション（寄付）をして、豊かさを均等にしようとする意識に似ています。

低いところから高いところへ。

その高さをマッチさせる空間が、「お金の場所」である、という見方です。

お金をそのように見た時に初めて、「お金は、繋ぎ役の調和の道具」として

動き出します。

ですから、**調和の道具（パテ）としてお金を見たり使ったりする中心軸にいる方にだけ、同じ調和のエネルギーが還ってくる相対性の力学が働き、そのまま調和的なお金が引き寄せられます。**

ここで一番大事なことは、「**自分はこの中心軸で、調和の視点を持ち続ける人間としていられるかどうか？**」です。

お金を豊かに受けとる体験をされたいなら、この**中心軸に入った方だけが、その調和の豊かさの結果を受けとることになる**からです。

なぜなら、この鏡の世界は、

「初めに、ご自分がお金をどう見るか？」

「初めに、ご自分がお金をどう設定したのか？」

この最初の設定の仕方で、具現化の形（結果）が決まってしまうからです。

Holy Sign

CHAPTER

03

第３章

仕事・「売上」

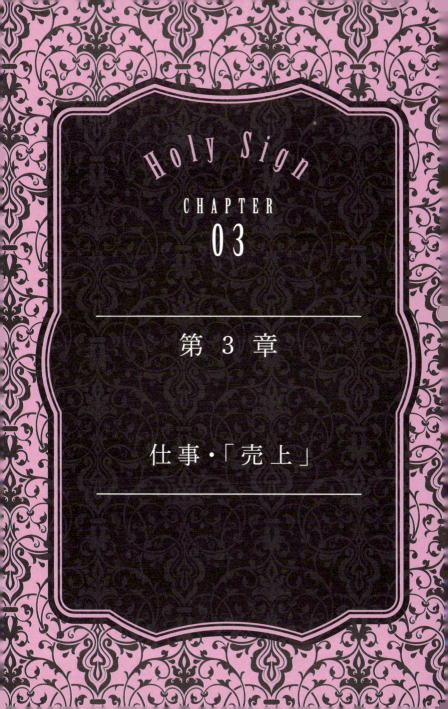

「君を、我が社に呼んで正解だったな」

「社長、この二週間で、本当に二件も新規のオファーが入りましたね！」

「調和的なパテ（お金）が、現実の360度から引き寄せられている！」

「ありがとうございます。成果報酬の結果が出るのは、これからですが」

社員だけのミーティング中に、社長と先輩達の士気は上がっていた。

僕を中心に、今、自分のお金（給料）を創る、一番近い位置にいる360度の輪の仲間との**信頼の繋がり**が、僕と社長の方針が**現実化するたび、強まる。**

このドーナツの輪である仲間との**最初の信頼の繋がりが断たれていたら**、一番目のドーナツを包む、さらに大きな二番目のドーナツの輪――クライアントとの**次の信頼の繋がりも、文字通り断たれた状態になってしまう。**

「では、二社からのオファーが半年契約で同時期なので、二つのチームに分けたい。一社は、百人の作業員を抱える、大手自動車会社からのエンジン部品の下請け工場。先代の女性社長が内職から起業した会社で、年間売上は安定の二桁の億単位。トップが幹部クラス出身の男性に代替りするタイミングで、幹部十人の研修コンサルティングだ。もう一社は、セレクトショップのネット販売のアパレル事業。たった十人の社員で、億単位の年間売上を出している小さな会社だが、売上を倍にして、二桁の億を目指したい時点でのコンサル導入だ。条件はさほど変わらない。さあ、どんなチーム割りに？」

「幹部研修が必要な方は、実績がある僕等のコンビの方が、安定して数字は伸ばせるかと感じますが」

「一応のファイル化のために、仕事も学歴も一流のインターン生の彼女をつけてもらえば、それで完璧かと」

二人の先輩達は早速、自分たちのやりたい仕事とやりたいメンバーのセレクトをしたようだった。

「では、こちらは愛すべきのんびり屋のインターン男子学生と二人で、アパレル事業の拡大を担当させていただきます」

そう、僕はにっこりと笑った。

*

三ヶ月後。経過報告の時間も無いほど、片方のチームは仕事に追われ、お互いの企業の、数字の伸び率も出始めた。

ここまでの結果は、僕とのんびり屋のインターン生チームの売上貢献の数字が、30％アップ。

先輩達のチームは、代表交代による幹部間の方向性や統一が三ヶ月では間に合わず、社内クレームが噴出しだした真最中に差しかかっていた。そこにリンクするよう、部品設計図にミスが発覚。回収に追われ、売上も10％ダウン中だ。

僕等はアパレル企業に、さしたるコンサルティングをしたわけでもない。十人の社員は、商品に対して、実はそれほど熱い想いを持ってはいなかった。

それより「このブランドを好む人に喜んでもらうため、どの店よりも速く届けるのが、流通の最大のミッション」と役割に徹する専門性が高く、速さがカスタマー満足度として高評価されていた。**社員達は余計な感情のドラマを持たず、すでに自己肯定感が**

高かった。その**無意識の自己肯定感の高さを、**全員に再び**意識化させた**だけだ。

それだけで、個人プレイだった十人の間に、お互いを認め合うプライベートランチの回数が増えた。顧客への更なるサービスのアイデア出しや連携が強まり、リピート率があっという間に高まったのだ。

「企業規模の大小はあれ、コンサル対象の人数も金額もそんなに違わないのに。アクシデントが重なるタイミングが、不思議ですねぇ」

一緒に仕事をしている、穏やかなインターン生がそう呟いた。彼はこちらが**新しい見方に導いてあげると、**「腑に落ちる」と**素直に取り組み、行動する**所が、僕にはとても楽だった。

「では、そのタイミングの秘密を、今日のミーティングで話そうか」

＊

社長は、二分の一の成績報告に危機感も無く、楽しそうに問いかけた。

「さあ、この結果の違いは何だろう？」

「いやあ……開けてみたら、十人の幹部の中に一人だけ資料が遅れて、こちらも認識不足だった堅物がいて……」

「この年配の堅物が、直ぐに事を大げさにして話が止まるんですよ。設計ミスの挽回も、僕等の指示を直ぐに実行すれば、もっと速く立ち直れたのに」

そういえば今日は、インターン生の彼女が体調を崩した、と欠勤中だった。

そして僕は、切り出した。

「彼女の欠勤で確信しました。やはり最初から、僕等のクライアントの方が、速く結果が出ると感じていました」

「彼女の欠勤？　え、どういうこと？」

解せない先輩が、身を乗り出した。

「僕と社長が調和の法則を話した時、彼女だけが**疑う否定的な感情を放って**いました。僕が、彼女が自分のチームから離れる**意図を思った途端**、先輩達が彼女を選んでくれたのです。僕は、**疑う感情のエネルギーを持った人物を、スタートアップのチー**

ムには絶対に入れない。スピードが落ちるからです」

「ああ、確かそんなことがあったな……でも、その出来事に、一体何の関係が？」

「**最初のチーム内の信頼の繋がりの大切さ**は、三面鏡をイメージするといいかもしれません。鏡を開いて、左右のどちらかを覗く。すると、鏡の中には同じ自分の顔が、ずらりと続いて映る。相対性の現実はこの法則性に似ていて、**最初に在ったものが、永遠に映されていく**性質がある。だとしたら、**最初に何を世界に映すのか？ これが最重要の鋳型《いがた》です。最初の仲間と調和的な信頼の繋がりを創ることができれば、**その後に続く世界——つまり、**調和的な信頼の繋がりが、**すでに構築された**世界（クライアント）となって映し出され、自動的に現れ続ける。**きっと堅物が起こす問題は、全て彼女と同じ。疑り深さが原因ではないですか？」

「そう、彼は僕達への不信からコントロールが凄いんだ……驚いたな！」

唖然とする先輩達に、社長が嬉しそうに続けた。

「自分の見ている世界に、何か問題が起こって、穴が開く。その時俺達は、**自分の最初**

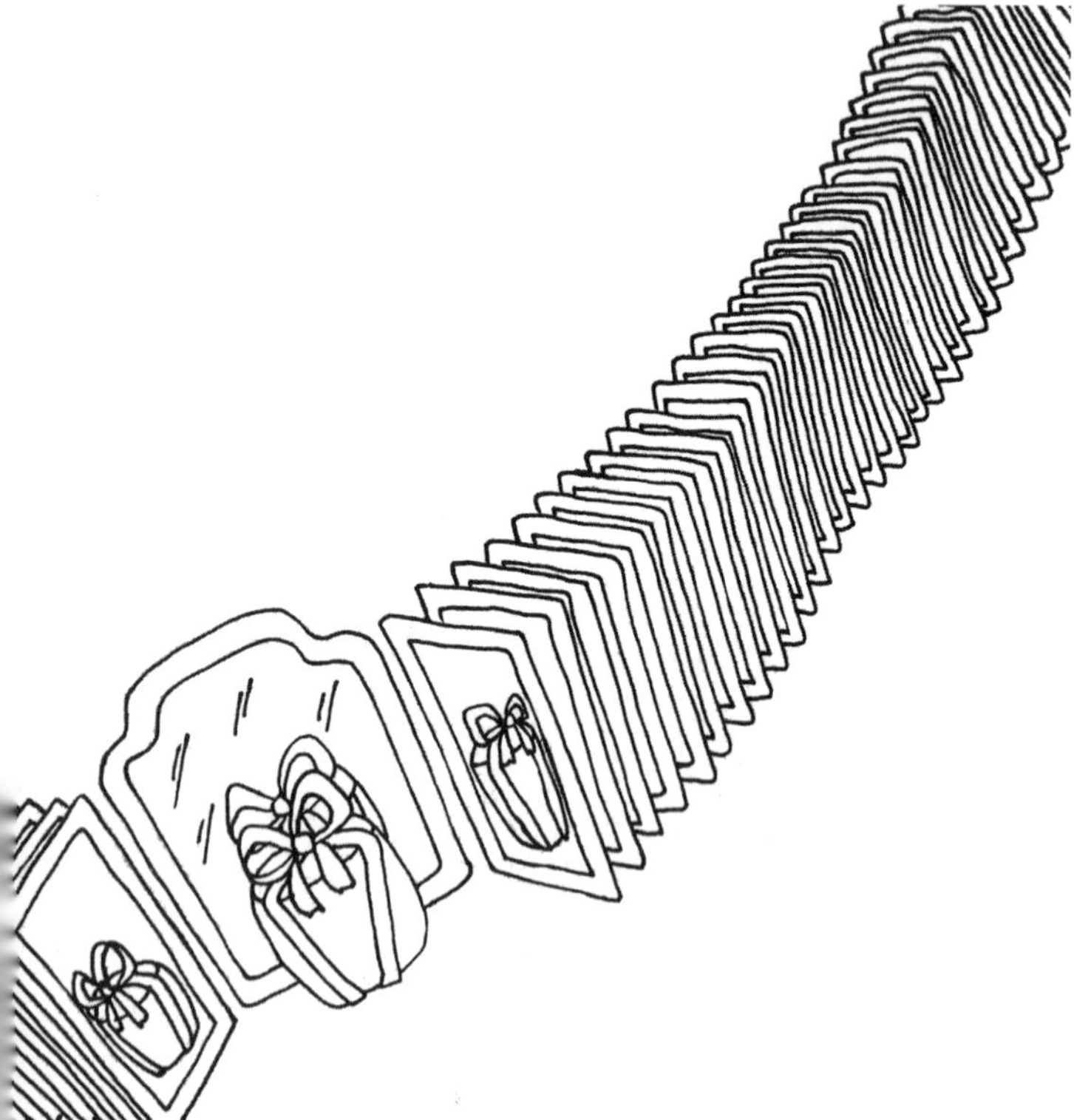

CHAPTER 03

第3章　仕事・「売上」

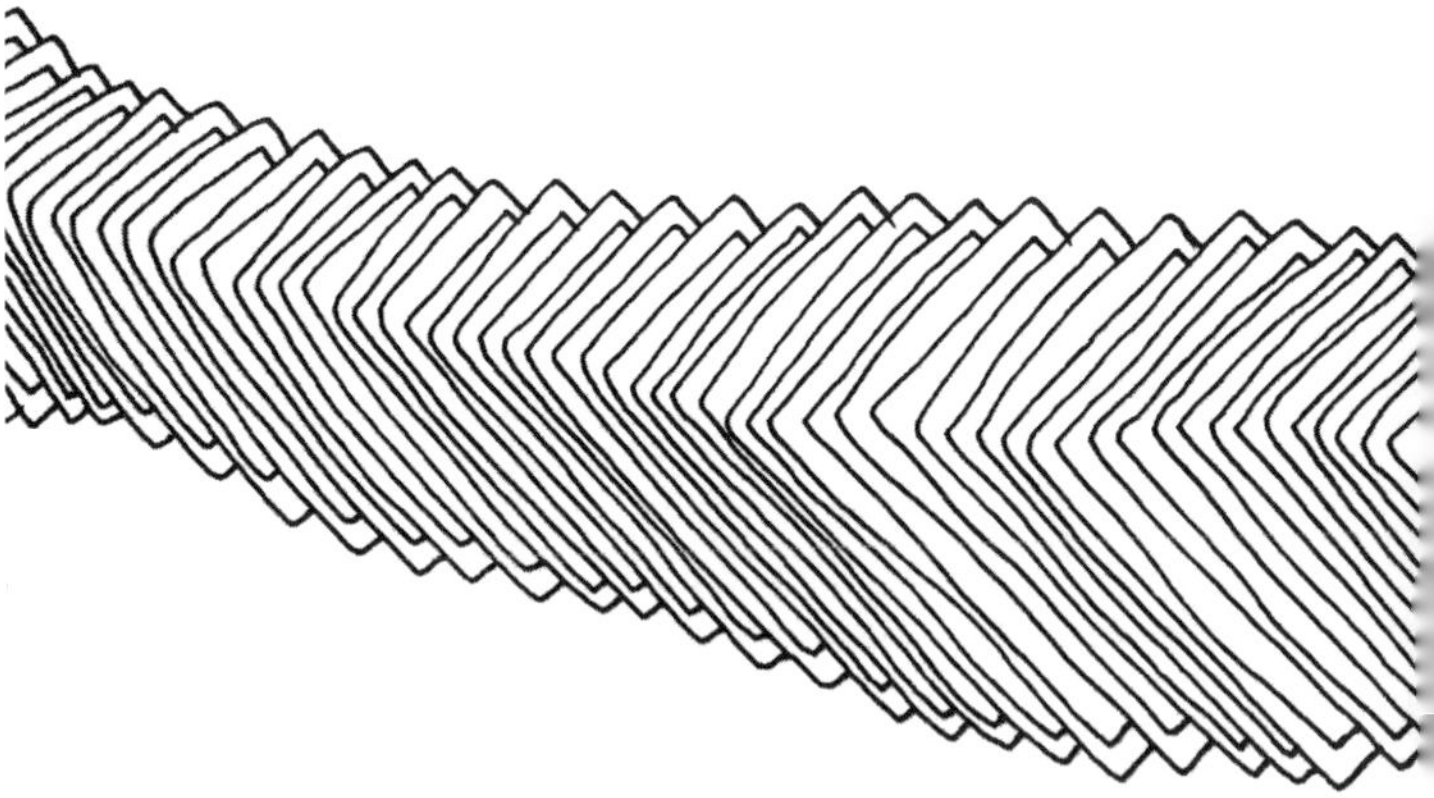

の在り方の方に在った穴、問題に行き着くはずだ。自分のスタートに問題が在ったら、それが世界に映される。感情のエネルギーは激しく強い。それが否定的な感情なら、同じ感情の問題が、世界に映り続ける」

「でも社長、否定的な感情なんて、ほとんどの人間に在るものですよ？」

社長と僕は同時に頷いて、続けた。

「その通りだ。だから本当は、**学歴が育つ教育ではなく、肯定的な感情が育つ教育の方が、よっぽど必要なんだ**よ」

「今回はお金の実験中だったので、僕は敢えて、彼女の否定的な感情を教育しないまま、結果を見てみたのです」

「なるほど……お金（売上）は、こうやって上げていけるのか……」

「なんだか新しい角度のコンサルができそうで、ワクワクしてきたな！」

「おい、僕達のグループの損失なのに、お前、相当ポジティブだな？」

ドッと笑う全員を見つめていたら、僕はまた自分の本音に気がついた。

僕が本当に実践してみたかった**感情のコンサルティングの相手とは、最初の大切なドーナツの輪、共に働く仲間達のコンサルだったのだ**、と。

Holy Sign

CHAPTER
03

第3章 仕事・「売上」

第3章　仕事・「売上」での調和の見方のポイント

組織やチームで売上を上げていく時に、**ご自分を中心に、今、自分のお金（給料）を創る一番近い360度のドーナツの輪にいる仲間との、信頼の繋がりを最初に強めておく**、という方法があります。

つまり、クライアントさんと信頼の繋がりを創る前に、仲間との信頼の繋がりを強固にし、それを世界に映していく、という順番です。

この一番最初のドーナツの輪（仲間）との信頼の繋がりが断たれていたら、さらに大きな二番目のドーナツの輪（クライアント）との**次の信頼の繋がりも、文字通り断たれた状態になってしまう**からです。

なぜなら、エネルギーは全て繋がっているので、**最初の仲間と調和的な信頼の繋がりを創ることができれば、その後に続く世界（クライアント）にその調和的な信頼の繋がりが映し出され、自動的に調和的な売上が現れ続けます。**

反対に、最初の仲間との繋がりに不信の分離があると、その次の繋がり（クライアントとの信頼関係）にも、不信が現れてしまいます。

ですから、大事な最初のドーナツの輪（仲間）との信頼の繋がりに、**疑う感情のエネルギーを持った人物を、スタートアップのチームには入れない方が、売上を創るスピードが速まります**（仲間外れにするわけではありません。一旦、売上を上げてから、その方をチームに入れて差し上げればいいことです）。

最初に在ったものが、永遠に映されていく性質が現実世界だとしたら、

「**最初に何を世界に映すのか？**」

これが最重要の鋳型です。

Holy Sign

CHAPTER

04

第 4 章

仕事・「人間関係」

「おはようございます。昨日の三面鏡の話。**全ての結果は最初ですでに決まっているという例え、**凄く解りました。でも、彼女の欠勤で確信したっていうのは……一体どういう意味ですか？」

のんびり屋のインターン生が珍しく早く出勤して、矢継早に質問をしてきた。

「おはよう。それはよかった。では昨日、もし彼女が出勤していたら、全員の前で恥ずかしい気持ちにさせることは、確かだったね？」

「はい。彼女は、プライドが高いですからね」

「そう。**怖れが強い人は、それを隠すためのプライドが高い。このタイプは、心の奥で自己否定が激しい**んだ。自分に自信がないから、それを隠すためにプライドの城壁を作り、他人の評価に怖れながら、猛烈に仕事をして能力や成績を上げている。内心、深い矛盾と葛藤が多い。そんな彼女に、これ以上の恥ずかしさで**怖がらせることを、調和の法則はしない**——つまり、彼女を休ませる**アクシデントさえも使って、調和を創る。**逆の見方をしたら、昨日はあの話をメンバーに伝えられる、絶好のタイミングだった、というわけだ」

「そうか……**そんな風に見方を変えたら**、確かに昨日は、全てのタイミングの調和が取れていましたね！」

そこに、ちょうど女子大生が出勤してきて、僕と彼は顔を見合わせ、頷いた。

＊

「先日のお話で、お金でマッチを合わせる理論は理解できました。マッキンゼーからスイス銀行へ移ったM＆Aの教授からも、それを教わったノートが出てきましたので。でも私は、売上を伸ばすマーケティングに、心理学を取り入れる必要性を感じませんでした」

「おいおい、体調不良だったんだろう？　ちゃんと休んだのかい？」

「横になっても、調べ物はできますので」

女子大生の硬い口調の返答を眺めていた社長は、優しく問いかけた。

「リスクマネージメントの判断とは、実は最終的には、その組織の**過去の経験からの防御判断（ジャッジ）**が多い。でもこの会社では、調和のエネルギーと力学の方針を、コンサルに取り入れてみたいと考えている。新しいやり方や見方を取り入れる時、**自分の中に、経験からの防御判断（ジャッジ）の抵抗の感情があると、受け入れられない**ものだ。となると、論理的にも見るべき所は、**自分の防御判断（ジャッジ）は、なぜ別の視点を取り入れることに抵抗するのか？　その否定的な感情を作ってしまったドラマを今、見つめる時**では？　と感じるね」

「……私の提案を検討するか否かではなく、私の心を見る問題だ、ということですね……それは業務命令でしょうか」

「命令？　いいや。それを俺がこの会社でやってみたかっただけだ。**問題とは、外から降ってくる災難や不幸ではない。どんな問題も、それを問題だと防御判断（ジャッジ）した人の心の中に在るだけ**だ。その**否定的感情こそが、一番のリスク**だと俺は捉えているよ」

「それは、プロファイリングとか……ジャンルが違うのではないですか？」

引き下がらない彼女に、僕は言った。

「僕等が求められているのは、企業の数字を伸ばし続けることだ。そのために効果があることは、**ジャンルの区別や分離をせず**に、どんなことも躊躇なく採用すべきだと僕は思う」

「それは……私もそう思います……」

＊

僕と先輩は、トイレに立っていた。

「いやあ、社長にあそこまで噛みつくなんて……あのタイプとの人間関係は、本気で面倒臭いよ！」

「解ります。**自分自身を否定する人間は、必ずその牙を最も大事な人に向けてしまう——大切な自分を大事にできない鋳型が、世界に映り続けるから**です。でも、そんな**否定的な人物が自分を大事にし始めたら、現実世界に爆発的に好転する**のです。ゴムを強く引っ張ったら、もっと遠くまで飛ぶように」

「それ聞かせてよ！　こんな場所だけど」

「僕の地方議員だった父は、気持ちが繋がるトイレでいつも敵を口説いて、議会を通していました。ここは聖域なんですよ」

「あははは、確かに気が楽になる」

「しかも、ここに彼女は、絶対入れない。仲間外れの雰囲気も出さなくて済むしね」

「今度は、男子トイレを使った調和の法則ですね？」

気づくと楽しそうにインターン生も現れて、三人で手を洗いながら、僕は続けた。

「上手いこと言うね？」

「今朝、別の見方を教わりましたからね！」

「彼女のゴムを、更に強く引くために。ここで大事な方法があるんです」

「つまり、現実が更に速く変わる方法、か」

「そうです。先ほど**先輩が、相手の否定的な感情に、明らかに〝面倒だ〟と同調し、反応してしまった場合。相手の否定的な感情を〝これは僕の中に在るものを映している〟と、一旦、その繋がりを引き受ける**のです」

僕は鏡に、水で絵を描き、説明した。

「**相手の否定的な感情に反応したのは、それが自分に在るから、共鳴したの**です。**その場合、目の前の問題を自分から離してはいけない。自分から分離をしたら最後、自分の鋳型と世界の調和の法則に、自ら穴を開け破ってしまう。調和の法則が作動しなくなる**のです」

「解った。じゃあ引き受ける意識を持ったら、次は具体的には何が起こるんだ？」

「彼女の感情は今、クライアントの堅物とリンクしているので、**これから感情の吐き出し、浄化が起こる**でしょうね」

「あの面倒臭さを、毎日されるの?!」

「逆ですよ、先輩。彼女の感情が落ち着けば、**堅物の〝疑う〟同じ問題が、同時に終わる**んです。だからこそ、**彼女がこのコンサルを解決する最重要の鋳型**です。仲間と**最初に調和的な信頼の繋がりを創る**ことができれば、その後に続く世界も、**調和的な信頼の繋がりが自動的に現れ続ける**のですから」

「ということは、いずれ卒業していくインターン生も、仲間と見るのか……」

「はい。**一緒のチームになったなら、〝同じ共鳴が自分の中に在った〟と、〝一度、その繫がりを認める〟**のです」

「それは一旦、鏡を合わせるという意味？」

「はい。一度、自分との繫がりを認めることで、**扱える繫がり（調和のエネルギー）を増やす**ためです。**感情もエネルギーですから、観察するという繫がりを持つと、観察された対象に変化を与える**、というエネルギーの洞察です。先輩が**もう一度引き受け直した繫がりを通って、エネルギーのインフルエンス（影響）を起こす**のです。年配の堅物を説得するなど一番ムダなコンサルだ。法則にあっていない。大事なことは、彼の問題の**最初の鋳型（原因）である、彼女の不信の感情を先に解放すること**です。そして、最後に――」

「まだあるのか？　できるかな、俺に」

「最後はシンプルです。**相手と意識で繫がったまま、彼女の否定的なエネルギー**

は自分に一切入れず、心の中でそれを思いきり、彼女に戻す意図をする」

「一度繋がって拡大した後に、さらに本人に否定的なエネルギーを自己対面させるイメージ！　ですね？」と、インターン生。

「その通り。自立して家を出ていく子のリビドー（衝動）を、親が離れる愛で後押しする関係性に似た――**次の拡大のために手を放す、これもれっきとした調和の法則**なんだよ」

Holy Sign

CHAPTER 04

063

第4章 仕事・「人間関係」

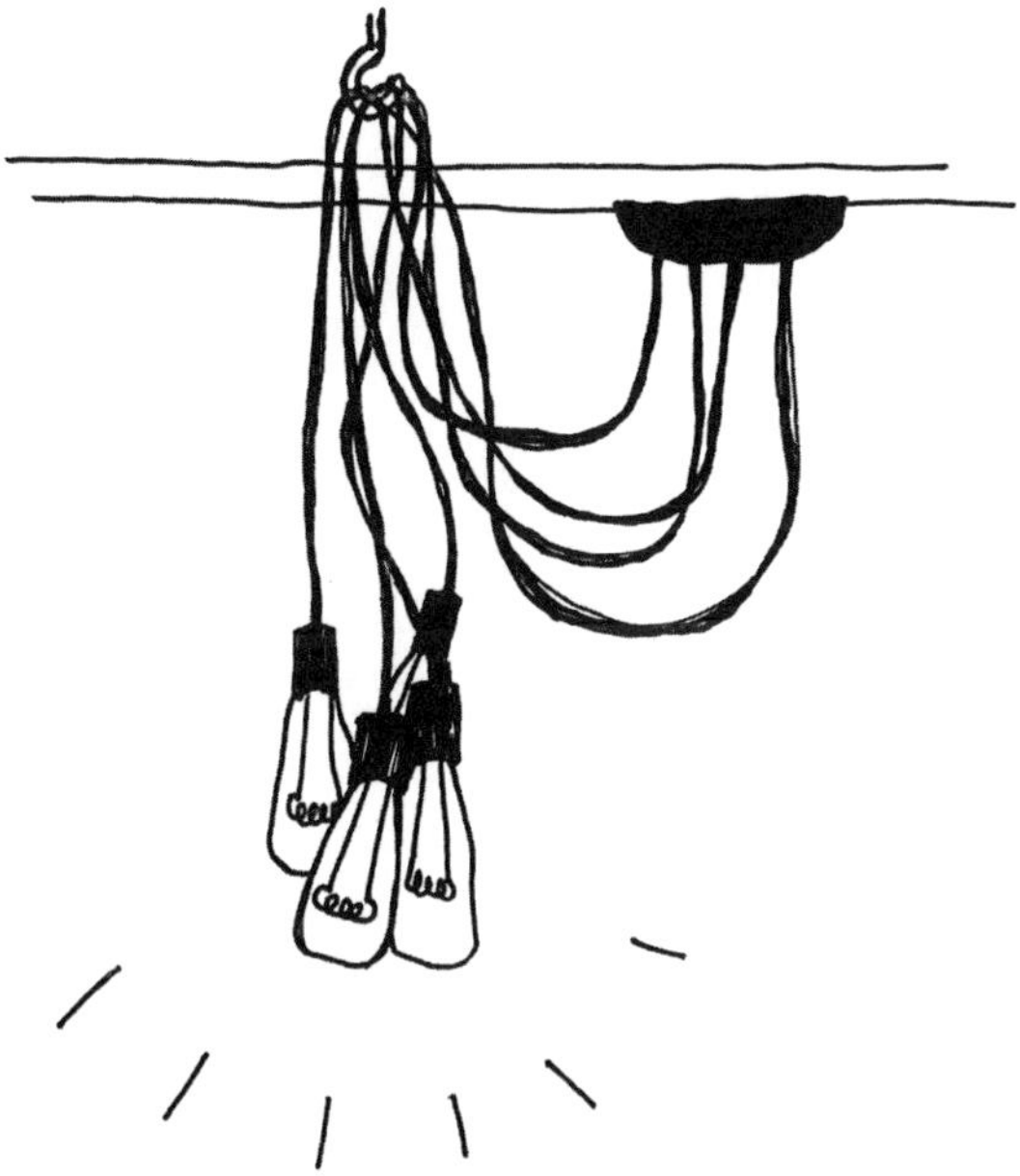

第4章　仕事・「人間関係」での調和の見方のポイント

新しいやり方や見方を取り入れる時、ご自分の中に、**経験からの防御判断（ジャッジ）の抵抗の感情があると、受け入れられない**ものです。

その場合、見るべき所は**「自分の防御判断（ジャッジ）は、なぜ別の視点を取り入れることに抵抗するのか？」と、その否定的な感情を作ってしまったドラマを見つめます。**

怖れが強い方は、それを隠すためのプライドが高く、このタイプの方は、心の奥では自己否定が激しいのです。

そして、**問題とは外から降ってくる災難や不幸ではありません。**

どんな問題も、**それを問題だと防御判断（ジャッジ）した方の、心の中に在るだけ**です。

そのご自分の中の**否定的感情こそが、一番のリスク**です。

ご自分を否定する方は、必ずその牙を、最も大事な人に向けてしまいます。

大切なご自分を大事にできない鋳型が、世界に映り続けるからです。

けれども、そん**な否定的な方がご自分を大事にし始めたら、状況は爆発的に好転します。**

反対に、否定的な方からぶつけられた感情に、〝面倒だ〟と同調し、反応してしまった場合は、相手の否定的な感情が〝これは自分の中に在るものを映している〟と、一旦、その繋がりを引き受けます。

それがご自分に在るから、共鳴したからです。

その場合、**目の前の問題を自分から離してしまうと、自分の鋳型と世界の調和の法則に自ら穴を開け、破ってしまい、調和の法則が作動しなくなる**のです。

〝同じ共鳴が自分の中に在った〟と、〝一度、その繋がりを認める〟ことで、**扱える繋がり（調和のエネルギー）**が増えます。

感情もエネルギーですから、観察するという繋がりを持つと、観察された対象に変化を与え、もう一度引き受け直した繋がりを通って、エネルギーのインフルエンス（影響）が起こります。

相手から攻撃を受けた場合は、**相手と意識で繋がったまま、相手の否定的なエネルギーはご自分に一切入れず、心の中でそれを思いきり、相手に戻す意図をします。**

自立して家を出ていく子のリビドー（衝動）を、親が離れる愛で後押しするイメージです。これらも、**次の拡大のために手を放す、れっきとした調和の法則**です。

Holy Sign

CHAPTER
05

第 5 章

家族・
「両親との関係」

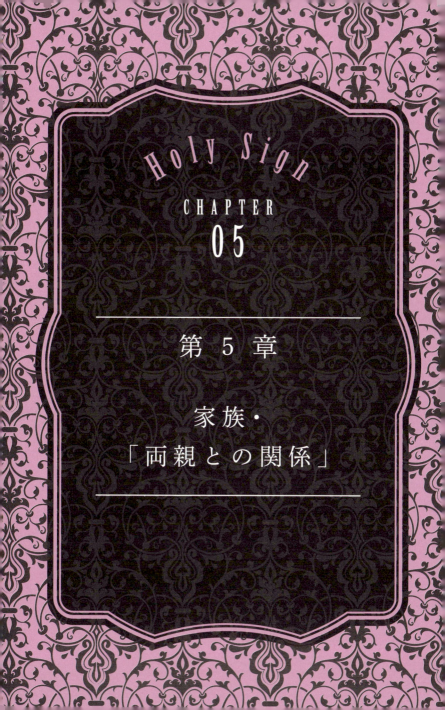

「あの……少しお時間をいただけないでしょうか……私は心理学的な観点が得意ではありません……この方針だと、学んできたマーケティングを発揮できないのと……実は……あの幹部の方が気になって……仕事が手につかなくて……すみません、訳のわからないことを言ったりして……」

昨日と別人のようなインターンの女子大生が、予想通りランチの時間を見計らい、こっそり感情を吐き出してきた。その姿に、僕は優しく言った。

「いいや。むしろ昨日、**僕達が君の否定的な感情のエネルギーを押し戻して、突き放した。繋がっているエネルギーは同時多発に現れる**から、君の感情が爆発するのは解っていたし、さすがだよ」

「え……？　どういうことですか？」

「君の不信と幹部の不信がリンクしていることに、無意識で気づいてくれた所が素晴らしいってことだ。**自分の痛みの感情のドラマを見つめることは、体調を崩すほど大変なこと**だからね。**人は、それを吐き出さずにはいられなくなる**」

彼女は涙を浮かべて、頷いた。

*

僕と彼女は静かなカフェに入った。

「幹部のどんな所が、君の感情をかき乱したのだろう?」

「私が……幹部の方の気持ちがわかってしまうことが辛いんです……彼は長く先代の女性社長の右腕で、自分が後を継ぐのを意識されて頑張ってきたのに……自分の後輩のリベラルな幹部の方が次期代表にと遺言にあって……私たちのコンサルを入れる新しい方針も納得せず、事前資料も提出されませんでした。きっと、**信頼していた相手(社長)を疑っている、自分の気持ちが辛い**のだと思います……それが言えなくて、苦しんでいる……」

「苦手だと言ったけど、君の方がよっぽど踏み込んだプロファイリングができてると感じるよ。本当に優秀だね」

「いえ、そんな……皆さんが言う、私の中心軸から見て、同じことが世界に映るなら、彼は私と同じ感情だと検証してみるのもありなのかな、と……。まとまらないながら、考えていました」

「じゃあ、聴こう。君は〝誰の〟〝何を〟疑っているの？」

「そこですよね……。私は……家を出たくて、お付き合いを始めた同じ大学院のパートナーと同棲して一年経ちます。彼は、研究とキャリアのためにアメリカに渡りたいのです。向こうの大学院は、夫婦の留学生には奨学金が手厚いので、入籍しようと言われて……」

「なのに、疑ってしまう？」

「……はい。私は、彼の夢に利用されているんじゃないかと……なぜか、彼を疑ってしまう自分が苦しいんです」

「なるほど。少し、質問の角度を変えてもいいかな。君のご両親は、どんな考え方を持っていた方だった？」

「両親、ですか？　父は、地元の役所に勤める公務員です。無口ですが、優しい人で……私は好きです。母と私は……実はあまり仲が良くありません……母はお見合い結婚をしてキャリアを諦めたと思っていて……8歳上の姉も、母の過干渉で厳しい所といつもぶつかっていました……インテリアの仕事仲間のフランス人と結婚をして、パリに行って5年になります」

「ふむ……ならきっと、その疑う**否定的な感情は、君のものではない**」

「え？　私の……感情ではない？」

「そう。大抵の人はそれに気づかず、全てが自分の感情だと思い込んでいるけれどね。思いやりや場の空気を読む気遣いに長けていて、親孝行な気質の日本人に多いのが、両親のことを思うがゆえに、**自分とは別の人間――親の思考や感情を、自分の本音だと勘違いをして、無理な相対の鏡合わせをし続けているん**だ。お母様も母親、つまり君の祖母の考え方や感情を無意識に取り込んで、ここまで生きているはずだ。そうやって、**無意識に代々の否定的な思考パターンや感情が、子供達にプリントされていく。**そして、祖母の母親、そのまた母親と……**その源は、どこまでいっても正体不明のフィクションだ。これが、否定的な感情のドラマなんだ**よ」

CHAPTER
05

第5章　家族・「両親との関係」

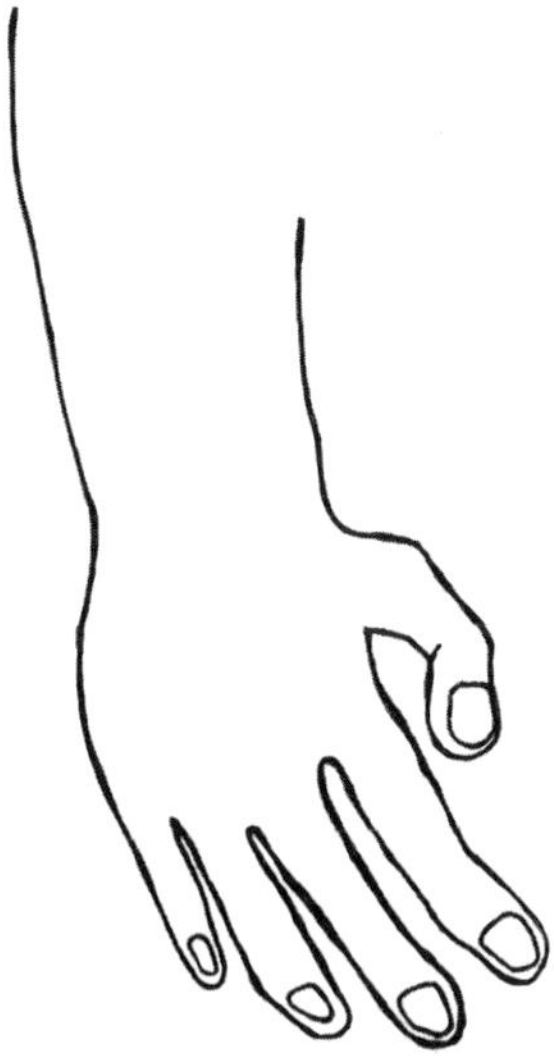

「そんな見方をしたら……確かにそうですね……〝私は仕事を続けたかったのに、良妻賢母の母に結婚や子供を産むことが幸せだと説き伏せられた〞と、いつも母は嘆いていて……」

「子供だった自分の心の最初の本音（鋳型・原因）に、そんな否定的な思考や感情が在っただろうか？ いいや、無いはずだ。なのに、**元々心にさえ無いものを自分の本音だと思い込んで、人生の殆どの時間を、親のものである否定的な感情を満たそうと、人生設計まで立てて生きている。**根深い錯覚だよ」

「本当だわ……何だか自分の大きな思い込みに、ゾッとしてきました……そうです……母は祖母の良妻賢母の教えを、**いつも否定的に疑っていました。**私はそれを、大切な仕事の先輩やパートナーに向けていたんですね……何だか本当に恥ずかしい……」

「自分を否定する人間は、必ずその牙を最も大事な人に向けてしまうんだ。**大切な自分を、大事にできない鋳型が、世界に映り続ける**から」

「耳が痛いです……母が祖母の言付け通り生きていた姿を改めて見てみると、同じことをしていたのが客観的に見えるんですね……〝私たちのせいにして言い訳しないで！〟と、自由奔放な姉は母とよく言い争いになっていて……その度に母は、〝まだ小さい妹がいるのに、育児を辞めろと言うの⁈〟って……私が、母を苦しめている存在なのかなと、正直辛かったです……蓋をしていたこと、思い出しますね色々……」

そう言ってまた涙ぐむ彼女に、僕はそっと語りかけた。

「でもそれは、どちらもお母様の本音だったのかもしれない。子供とも向き合いたいし、仕事もしたかった。**〝どちらが善で、どちらが悪か？〟そう心を二分の一に分離して、否定的にジャッジする見方が問題**なんだ。**その見方が、**君が仕事の方針でも、**ジャンルの分離をし、調和を乱す思考の原因**だ。**たったひとつの分離感が、思考の全てに現れていることに人はあまりにも不繊細だ。心は多面的**で、それが本音なら、それでいい。**善か悪か？の断罪的な正論の押し付けは、常に戦いを生み、不自然だ。善か悪かじゃない。それが自分の本音かどうか？人生は、その見方**だ。**自分の本音と一致し、調和して、自分との鏡合わせにズレが無い**

ことが、人生の正解だ。なぜなら、**自分の本音と調和していたなら、世界には自動的に調和が具現化し、あらゆる戦いが消える**のだから」

「**母の感情のドラマが無くなったら……私の本音、私の本当のフィクションは、一体、何かしら……**」

「それが一番自然な自分への問いであり、自分との調和の扉だと思うよ」

「……彼や仕事を疑わなくなれたら、私の人生は大きく変わりますね……ありがとうございます。私の感情を見ることが今、プロジェクトの数字を伸ばす鍵になるなら。次の全体ミーティングでは、この話を共有してください」

「ありがとう。**感情の浄化をしている最中は、心の信念や価値観、見方が一気に180度変わるから、一時的に激しい抵抗が出て、体調も崩しやすい。**なのに、感情を正直に話してくれて本当に感謝するよ。体調を崩す程の**面倒な問題こそ**が、君がまだ密かに親子依存していた心を自立させるきっかけを与えてくれた、**最高の贈り物**だ。それを届けてくれたのが、あの幹部の存在なんだよ」

Holy Sign

CHAPTER 05

第5章　家族・「両親との関係」

第5章　家族・「両親との関係」での調和の見方のポイント

相手からの**否定的な感情のエネルギーは、心の中で押し戻して突き放すと、**それが**繋がっているエネルギーを通って**相手に押し戻され、その影響で**同時多発に、ご自分と相手の現実がそれぞれの調和の道程となって、動き出します。**

実は**否定的な感情とは、元来、ご自分のものではありません。**

両親のことを思うがゆえに、**自分とは別の人――つまり、親御さんの思考や感情を、ご自分の本音だと勘違いをし続けている、**その結果です。

そうやって、**無意識にご家族の代々の否定的な思考パターンや感情が、子供達にプリントされていきます。**

それは母の母、祖母のそのまた母親と……**その源は、どこまでいっても正体不明**

です。つまり**これが、否定的な感情で作り上げられたドラマ**なのです。

子供だったご自分の、心の最初の本音（鋳型・原因）に、元々、否定的な思考や感情は一切ありません。

元から心にさえ無かったものを、ご自分の本音だと思い込み、人生の殆どの時間を、親御さんの否定的な感情を満たそうと人生設計まで立てて生きている

——根深い錯覚なのです。

けれども、そういった親御さんの否定的な感情が、**善いとか悪いではないのです。**

そのように心を二分の一に分離して、どちらかを必ず否定的にジャッジする見方が、問題なのです。

その善か悪か？　の見方こそが、ご自分の全ての**調和を乱す思考の原因**なのです。

心は本来、多面的で、善か悪か？　の断罪的な正論の押し付けは、常に戦いを生み、不自然です。

「善か悪かではなく、それがご自分の本音かどうか？」

人生とは、その見方です。

ですから、**ご自分の本音と一致し、調和して、ご自分との鏡合わせにズレが無いこと。**それが人生の正解なのです。

なぜなら、**ご自分の本音と調和していたなら、世界には自動的に調和が具現化し、あらゆる戦いが消えるのですから。**

感情の浄化をしている最中は、心の信念や価値観など、**見方が一気に１８０度変わるため、一時的に激しい抵抗が出て、体調も崩しやすくなります。**

ご自分の痛みの感情のドラマを見つめるための抵抗は、体調を崩すほど大変なものですが、調和の法則が絶えず流れているため、**人は必ずそれを吐き出さずにはいられなくなります。**

このような深い気づきを促すという点で、体調を崩す程の**面倒な問題こそが、最高の贈り物**だという見方をしてみるのはいかがでしょうか。

Holy Sign

CHAPTER
06

第6章

家族・「兄弟姉妹との関係」

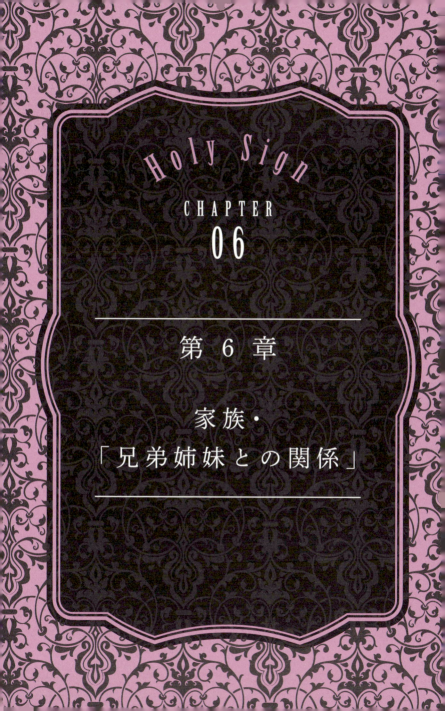

インターンの女子大生の感情の内観をした三日後、僕達は各々の企業の定期コンサルティングを行った。今日はその報告ミーティングの日だった。

僕等のアパレル企業の売上は好調に安定し、出店中のネットサイトから海外研修の賞与も受ける程になっていた。先輩と女子大生チームの自動車の下請け企業も、先輩達の指導の部品回収対応で信頼も保たれ、数字も回復に向かっていた。けれども研修では、堅物の幹部がまだ新しい代表にクレームトラブルを続けていたのだ。

提案通り彼女のいる前で、僕は彼女との感情の鋳型の話を共有した。

「僕は彼女に、母親の感情だった〝疑う〟思考パターンを、母親のものだったと再認識してもらいました。その感情を心の中で、母親に戻すように動かしたのが、五日前のことです」

「お話を聴いていただいてありがとうございます」と、彼女は笑顔で答えた。

「その翌日ですよ。つまり四日前、部品回収対応の誠実さが上の会社に評価され、上層部が他の部品依頼と視察に来てくれたんです。新しい代表も幹部も作業員も、危機が転機になったと、とても喜んでいた。これを〝意味ある偶然の一致〟のシンクロニシティと見る、というわけだよね？」と、先輩が言った。

「素晴らしいです。が、彼女が**感情を見つめた後に**、同時に堅物の幹部に何か、**同じ感情や問題の解放が現れないのがおかしい**ですね……」

「**まだ見切れていない感情がある**、と推測してもいいな」と、社長。

「となると……**一緒のチームに〝同じ共鳴が自分にも在った〟**という見方が必要だから、チームの僕等の感情も見るべきなのか？」と、男子トイレでの話を受け入れてくれたもう一人の先輩も首を傾げるので、僕は答えた。

「いえ、**まずは体調が崩れるほど反応した人物を鋳型と見る**ので、やはり、〝疑う〟ことの他にも、彼女の中のまだ未浄化の否定的な感情があるのを見てみます」

「ということは……鏡合わせでイコールになるのなら、その幹部の方の特徴から、彼女の見ていない感情を推理することもできるわけですよね？」

「お。いい視点じゃないか」と、インターン生の見方に、社長が嬉しそうに乗り出すと、先輩が切り出した。

「僕から見た彼の特徴は、とにかく後輩の弟分だった新代表に納得がいかず、負けたくないんですよ。ミスは全部、彼の方針のせいだと減点する。でも**実は、心の奥ではすでに自身への劣等感の減点を相手に押し付けている、他者否定に見せかけた典型的な自己否定タイプ**です。自分も幹部として責任があるのに、自分だけが常に正論だと言い張る。〃先代はこうだった〃〃先代のやり方は違う〃と、問題は全て新代表のせいにして、慕っていた先代だけに過剰に依存する。クレーマー体質の基本ですね」

「あの……今、私……**気持ちがまた、反応したところ**がありました……〃弟分と競うけれど、すでに負けている劣等感〃……私、持っている気がします」

「素晴らしい。続けて欲しいな」と社長は、女子大生の呟きに微笑んだ。

「はい……私は、8歳年上の自由奔放な姉がいて……でも生真面目な母と、いつも口論が絶えない姿を見ていたので、母を喜ばせるような生き方というか……キャリアを諦めた母が喜ぶよう、大学も院まで残って努力してきました。姉のように自由にしたら母が悲しむ、

CHAPTER 06

第6章　家族・「兄弟姉妹との関係」

姉のように生きてはだめだ、って。でも母という**別人格を基準にして、自分の人生を決めてしまったのは私**で……そんな依存的な生き方をしてきた自分を疑うべきなのに……それを見るのが怖くて、疑う事さえ母のせいにしているのが苦しいのだと、気づけたんです……だけど今、私は姉に対しても、物凄く劣等感があるなって……いつもどこかで姉と自分を比べて、羨ましい、なのに私はって、自分がいつも劣ってる気になってしまうことに、ふと反応しました……」

「この状況、幹部の方に流れている感情に、とても重なりますね」

インターン生が呟き、社長も頷いた。

「**兄弟姉妹は助け合う調和を生み出せるが**、それが**否定的に作用してしまうと優劣や競争を生みやすい**」

「……周りの評価を気にして、生真面目にしか生きられない私は……姉の自由で正直な生き方に、心の底では嫉妬をして憧れています……」

「嫉妬と憧れは同じコインの裏と表。優劣の感情だ。それに気づけたら、君のパートナー

Holy Sign

CHAPTER
06

087

第6章　家族・「兄弟姉妹との関係」

は、君の隠してきた劣等感の感情――〝お姉さんのように海外に行って自由になりたい、憧れ〟を、映してくれていた人だとわかる」

僕の一言に、彼女は静かに頷いた。

「……だからなんですね。それもまた姉への正体不明の否定的な思い込みで、**私の本音ではないから――周りにどんなに羨ましがられても、元々が私の本音じゃない願いだから、叶いそうになってもなぜか幸せになりきれない**のは……」

＊

僕は、ボードに二つの隣り合ったパズルのピースを描いて、彼女に言った。

「僕の中で優劣の嫉妬や憧れの感情が消えたのは、シグゾーパズルのイメージを理解したからだ。君が右のピースだとして、右のピースは二つの箇所が凹んでいて、左のピースは全部が凸だとしたら？　君が、凹んでいる自分を努力してできるようになろうとするのは、粘土で凹みを無理やり埋めてしまうようなものだ。すると、美しい全体図を共に完成させるため、隣で待っているはずの本当に大切な凸のピースの相手と出逢えない。完璧なパズルは永遠に未完成だ。今の日本の**教育はこんな風に〝できない〟ことを〝できる〟ように努力させて、完璧性を不完全にしている**気がしてならないんだ。**そのままでいい調和の完璧な秩序（法則）を、努力が逆に乱しているんだよ。**これではいつまでたっても**〝できない自分は駄目だ〟と、劣等感の不足の動機（鋳型）から逃れられない。凹みが在ることの一体何が問題なのだろうか？**苦手なことはむしろ、**できない自分を認めた方が、それを補ってくれる相手と必ず出逢える。心に調和の鋳型さえ在れば、自動的に調和的に補われる現実が映されてしまう**のだから。〝できるようになろう〟と無理をして**〝自分とは別のものになろうとする〟努力をやめた方が、羨ましがること、比べること、憧れることによる嫉妬も、一切消える**のに……」

「これこそ、兄弟や仲間の個性の違いの尊重、全体性の中で、自分の得手不得手の輪郭と役割を素直に助け合える、真に心休まる調和の見方だね」

社長の一言に、全員が頷いた。

Holy Sign

CHAPTER
06

091

第6章　家族・「兄弟姉妹との関係」

「一番抵抗していた私が、心を見ることで、一番楽になれることを……最初から、全て見抜いていらしたんですね……」

驚嘆している彼女を見つめて、僕は静かに言った。

「いいや、簡単なことなんだよ。**なぜなら君は、僕の鋳型の結果だから――僕は自分が経験したことのある、自分の中に在った感情の鋳型を語っていたに過ぎない。君は僕という自分自身のことだから、わかっていただけ**なんだ」

「そこも三面鏡は繋がってるのか……！」と、インターン生が声をあげた。

「そう、現実はどこもかしこも、人々の同じ感情と思考の鋳型が共鳴し合うエネルギーのホログラフィックだ。僕はかつて、君と同じ経験をしたんだ」

「本当ですか？　いつも明晰で……私と同じ経験があるなんて信じられません」

「**同じものを映しあう相対性の世界では、人生はどこかで僕の経験と同じものを持っている、僕と同じ過去を経験した人、僕がする未来を先に経験している人――そんな人達としか出逢えない。そんな風に、過去と未来はジグゾーパズ**

ルのピースのように〝今、ここ〟を中心に、繋がっているのだと僕は思っている」

「何だか、凄いです……」

「僕にも君と同じ過去があり、兄弟がいたんだ。人生の秘密を全て教えてくれた——病を持った、僕のただ一人の弟……」

第6章　家族・「兄弟姉妹との関係」での調和の見方のポイント

兄弟姉妹は助け合う調和を生み出せる素晴らしい人間関係です。

けれども、お互いが憧れの対象になりやすく、それが**否定的に作用してしまうと、嫉妬の対象となって比べ合い、ご自分の本音でないことを真似して追いかけたり、競争や優越感、その反動の劣等感も育みやすくなります。**

そんな風に、ご自分の**本音を生きない場合、**周りにどんなに羨ましがられる現実であっても、**元々がご自分の本音ではない願いなので、叶ってもなぜか虚無感があり、幸福になりきれません。**

日本の教育は往々にしてこのように、**競争をベースにした〝できない〟ことを〝できる〟ように努力させ、そのままでいい調和の完璧な秩序（法則）を、努力をさせてしまうことで、逆に乱しています。**

これではいつまでたっても**〝できない自分は駄目だ〟と、劣等感の不足の動機（鋳型）から逃れられなくなります。**

できないご自分を認めた方が、それを補ってくれる相手と必ず出逢えます。

心に調和の鋳型さえ在れば、自動的に調和的に補われる現実が映されます。

〝できるようになろう〟と無理をして〝自分とは別のものになろうとする〟努力をやめた方が、羨ましがること、比べること、憧れることによる嫉妬も、

一切消えます。

現実は相対性の法則性があり、鏡のように同じものが映り合います。

だからこそ、**人生はどこかで、ご自分の経験と同じものを持っている、ご自分と同じ過去を経験した人、ご自分がする未来を先に経験している人——そのような人達としか出逢えないようになっている、という見方があります。**

そんな風に、人の存在を介して、過去と未来は〝今、ここ〟を中心に、繫がっているという見方も、感じられてみてください。

Holy Sign

CHAPTER
06

第6章　家族・「兄弟姉妹との関係」

Holy Sign

CHAPTER

07

第 7 章

家族・
「家族の病や障害」

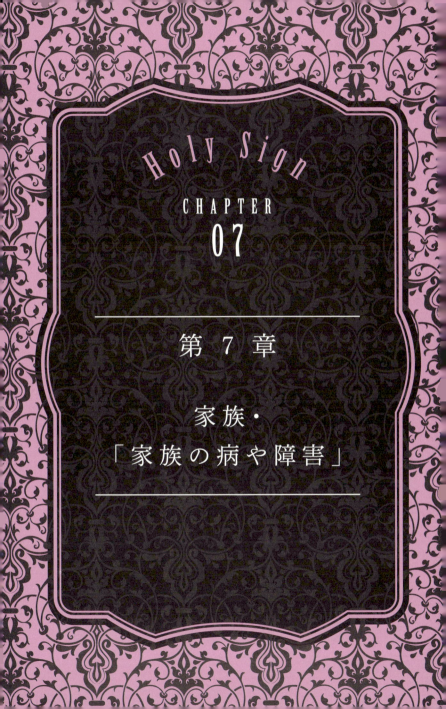

「君の心理学的感性と視点は、弟さんとの経験がそうさせていたんだね」

「〝できる〟弟が統合失調症を発病して——何もできなくなっていく姿を見て、僕は心理学へと導かれたのです」

社長から誘われて、僕等は高層ビルの最上階でランチをしていた。

「全てが優れていた凸だった弟は、発病して全部が凹のピースになったのに……何もできなくなっても、たくさんの気づきを僕等に与えました。その時、思ったのです。**〝できる〟という全ての条件を備えることと、〝できない〟という全ての条件を無くすことは、実はどちらも同じで、**弟の**本質ではない**のではないか？　なぜなら、**病で条件が凹んだ弟の周りでは、看護する僕等の方のピースの形が自然と変わり、別の気づきと才能が凸に伸ばされた——ならば、人生の目的とは、全部の才能が凸になろうと努力することではなく、本当は向かい合う関係性の調和が変容していく、全体性の中に在る**のではないか？　と感じたのです」

「素晴らしい……。それが、病を受け入れる家族や周りの調和の見方だと俺も思う。その

Holy Sign

CHAPTER 07

第7章　家族・「家族の病や障害」

見方こそが、昨日の君の英断の源だったんだね」

昨日は、緊急ミーティングが開かれた。

＊

とうとう、堅物の幹部が謀反を起こしたのだ。幹部十人の一人を説き伏せ〝新代表の元から離れる〟と、二人は突然、辞表を出した。彼の操作した嫌がらせが発端の社内ミスも〝全て新代表の原因〟と取引先や上の会社で吹聴し、自分達の移籍の根回しも完了していたのだった。

それを知ったのは、全員が出社した途端に鳴った、新代表直々の電話だった。堅物の幹部を「兄のような存在であり、会社の全てを教えてくれた恩義がある。だから彼にとっての最善を見極めて、慎重に選択したい」と要請されたのだ。

全員と言ってもその日は、あれから自分の本音に気づいたインターン生の彼女が、同棲相手との関係を解消した引越しの休暇日だった。そのタイミングの意味を、お互いが感じあっているのも伝わってきた。

コンサル期間中、堅物の幹部に振り回され続けた先輩達二人が言った。

「全てが繋がっているなら、関係を解消するために彼女が休んだ日に起こった、このタイミングは――」

「――こんな渦中でも引き止めず、あの堅物が〝離れていくのが、ベストなサイン〟ということかな?」

「今離れてくれた方が、前からお二人が提案されていた新事業展開にも、これで綺麗に移行もできそうですしね」と、男子インターン生も賛同する。

その時、僕の口から突然の言葉が溢れたのだった。

「いや……逆なのかもしれない……」

*

先輩達とインターンの男子学生、そして、社長も鋭く僕を見て言った。

「逆、とは?」

「弟分の新代表が、自分を引き留めるのを待っているのかもしれません」

「えっ、会社を使ってこんなに抵抗する、五十過ぎの構ってちゃんってことですか！」と、信じられないと肩をすくめるインターン生に、社長は僕に言った。

「では君は、なぜ途中から、この幹部の問題の鋳型が〝パートナーと離れた彼女ではない〟と判断したんだい？」

「僕の**心が激しく反応したから**です」

「なるほど――」

「**心が反応した時は、同じ感情の鋳型がある印**です。僕は彼女と同じ、過去に兄弟との感情の問題を持っています。つまり、僕も彼女と同じ、**まだ満たされない本音を隠しているから、感情が疼く**んです……」

「――なら聴こう。君の本音を。それがこの問題の鋳型であり、答えなのだから」

「……僕は、精神疾患で思うように自分を生きられなくなって自死をした弟と、本当は一緒に仕事がしたかった……」

僕が初めてした話に長い沈黙が訪れた後、インターン生と先輩が呟いた。

「……凄いです。**感情の鋳型の鏡合わせって、**ジャングルジムのつなぎ目みたい**にお互いを支え合って、繋いで――本当に完璧なホログラフィックになってるんだ**」

「それが次の鋳型なら……君の言う通り、展開は真逆になる、が――**自分の本音に抗っている本人に、どう気づかせるか？**　が、問題だな……」

僕は頷いて言った。

「そう……**関わる人々の過去の感情が、相手の未来をも導いていく**のです――新代表は、時代の先駆けだった女性社長の先代の鋳型を引き継ぐにふさわしい柔軟さとリベラルさがあり、先代はそれぞれの役割を見抜いていた審美眼がある。先代の**想いが、**今の会社の**鏡に映されて引き継がれなければ、**先代の**想いの鋳型が無くなってしまう！**　それだけは堅物の幹部が一番したくないことなのに……。彼の見方の間違いが、先代の想いの全てを止めていることに、まだ気づけないのです。彼は、大切な先代の鋳型の鏡、弟のような新代表を、また先代と同じように支える役割がある。僕のように、後悔

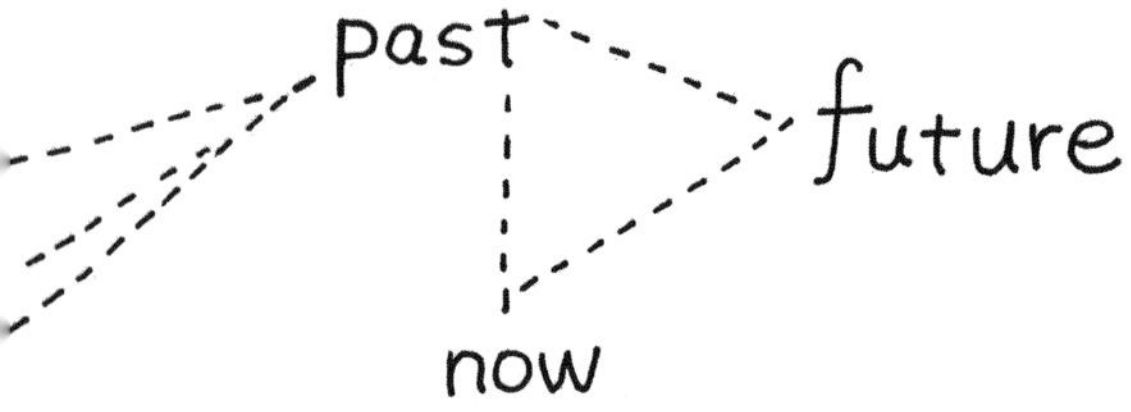
past
future
now

Holy Sign

CHAPTER 07

第7章　家族・「家族の病や障害」

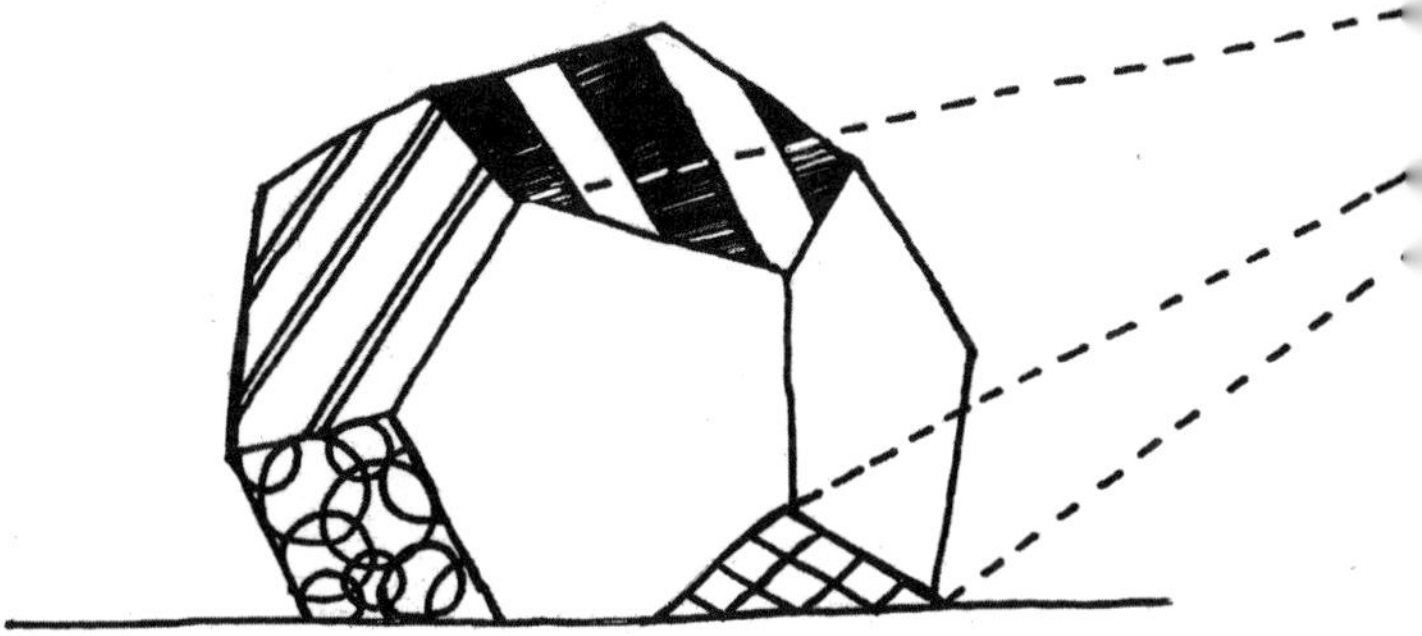

させてはいけません……」

すると、思案顔の先輩が、僕を見つめて言った。

「企業が僕達を雇う時、必ずついて回る条件が幹部や社員の育成だ。社長がカリスマで立ち上げた次のステージは、そこから先は、人が育たないと数字が伸ばせない。そんな節目に僕等は雇われる。だから、このチームの責任者の俺が今、君が話してくれたことをそのままあの幹部に言おう。君も僕の後輩で、弟分みたいなものだ。兄貴分の俺が先に責任を取ったら、俺の鋳型に、幹部がどう反応するのか観てみようじゃないか。こんな人生の新しい角度の見方を、君に教わったことが嬉しいから。さあ、どうやってあの堅物に伝えようか？」

僕は胸が熱くなり、先輩は笑顔で頷いた。

すると、社長も嬉しそうな顔で力強く言った。

「**何も仕掛ける必要はない。**今ここで、他界した弟さんへの**感情が解放されたなら、必ず同じ感情の問題の相手が、あちら側から引き寄せられる。**これが、**映し合**

Holy Sign

CHAPTER 07

109

第7章 家族・「家族の病や障害」

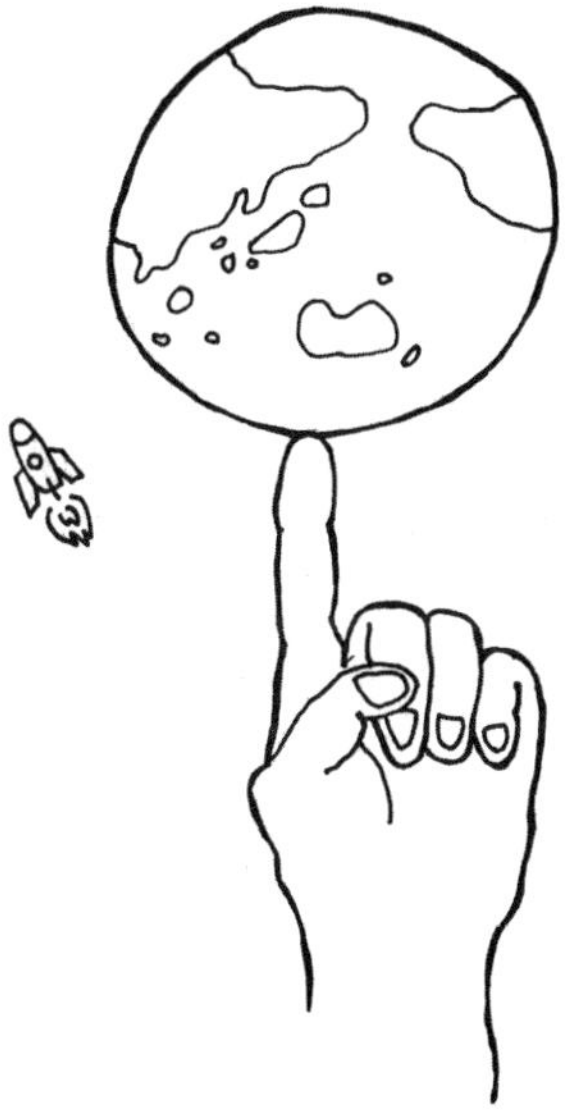

う鏡という繋がりの調和の法則だ。**タイミングは、鏡の向こうからやって来る**」

＊

高層ビルのレストランで向かい合う社長と僕の隣には、一面のガラスの向うに、曇り空の東京が広がっていた。

「僕は、先輩達やインターン生達に素晴らしい愛情をいただきました。そして、感情の解放の後、必ず引き寄せが起こる洞察を知っている社長を、尊敬します」

「昨日のコンサル方針の大きな岐路で、君の判断にお礼がしたかったのは、俺だよ」

「何だかあの時は、**亡くなった弟が**天才的な**閃きで助けてくれたような気がして**……弟はネイチャーやニュートンを読み耽って、成績はいつもオールＡの天才児でした。ＮＡＳＡの学生合宿にもパスして、宇宙物理を専攻したがって……。でも、大学受験の頃から幻聴がひどく、心の耳を塞ぎたくて——弟は、いつも屋根に寝転がっては、こんな風に空を眺めていました……」

「色々なケースもあるだろうが、統合失調症の幻聴幻覚には、啓示的なものも含まれているのではないかと親友の精神科医がよく言っているんだ。看護師や医師の悩みの答えを言い当てたり、直観能力者のような存在が多いそうだ。入院患者の話を聞いていると、いつも本質を真っすぐ伝えてくるから、不思議な安堵が湧くのだ、と……。**病という存在や体験者の視点が、明らかに周りの人間を変容させ、成熟させて押し広げていく中心点になっている**ことは確かだよ」

「はい、今ならそう見られますが――あの頃の僕は、深い恐怖の中にいました」

「君が、恐怖の中に？」

「病の弟や、彼を囲む両親の家系の思考と感情の歪みが怖くて……とうとう、家から逃げ出した――いや、違う……僕は、**本当の自分から逃げた**のだと思います」

第7章　家族・「家族の病や障害」での調和の見方のポイント

何かの出来事が起きた時に、**心がネガティブな感覚で激しく反応した時は、同じ感情の鋳型がある印**です。

ご自分の中に、**まだ満たされない本音が隠されている場合に、感情が疼きます。**

ネガティブな感情が湧き上がっている状態、その痛みの感情が体の痛みとなって病や怪我、障害になって表現されている場合があります。

そのような痛みの中にある方には、頑張るよう、治るよう励ますことよりも、その痛みに寄り添った時に、**ご自分の反応する感情を見つめてみてください。**

その時、ご自身の**感情の反応がない時は、ただ、肯定的なお気持ちで、寄り添っ**

て差し上げてください。

ご自分が今、痛みにある方も同じです。頑張るよう、治るよう励ますことよりも、その痛みに寄り添った時に、**ご自分の反応する感情を見つめてみてください。**

そのように、そっと内的に**関わる人々のお互いの過去の感情が、相手やご自分の未来をも導いていきます。**

それこそが、相手やご自分に**何も仕掛ける必要はなく、ご自分の疼いた感情が解放されたなら、必ず同じ感情の相手の問題も自然と解放されていきます。**

これが、**映し合う鏡という繋がりの調和の法則です。**

この見方が、**病という存在や体験者の視点が、明らかに周りの人間を変容させ、成熟させて押し広げていく中心点になっていきます。**

Holy Sign

CHAPTER
08

第 8 章

健康・「看護、介護」

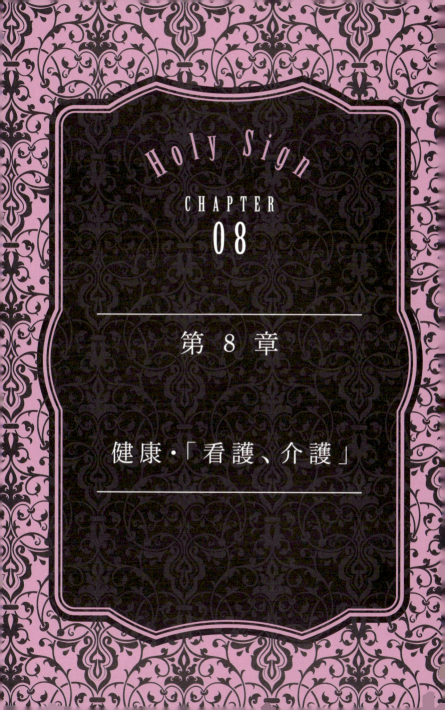

「それは、素晴らしい洞察だと思う。〝**家から**、逃げる〟〝**問題ごとや相手を**、批判する〟――その否定的な動詞の目的語は全て、本当は〝**自分の本音との調和から**、逃げている〟〝**自分の本音との調和を**、批判している〟と、**自分との調和の鋳型を、どう扱っているか？　それに向けられているのを、代替えして投影しているだけ**――これがあまりにシンプルな、**全ての問題の見方の真の秘密**だ。人は、**自分の本音から目を逸らすために、あらゆる複雑怪奇な状況を作り出しているに過ぎない**。この驚くほど単純明快な秘密を理解したら、殆どの問題は万事解決だ」

社長と僕は、高層ビルでのランチの終わりの珈琲を飲んでいた。

「僕はそんな単純な調和の鏡の仕組みを、恐怖の感情にのみ込まれたら最後、全く見えなくなるという体験を何年もしました」

「**怖がる感情や思考があると、その裏に待っている、自分の真のヴィジョン（未来で現実になる美しい調和の本音）を人は見ることができない。怖れの感情が死角になって**、どんなに本を読んでも学んでも、**自動的に怖れが自分都合の保身の**

Holy Sign

CHAPTER
08

117

第8章 健康・「看護、介護」

見方や行動をしてしまうため、そこだけが必ず認知できずに見えなくなる。第三の新しい自分の未来は、心のあと少し奥に、すでにここにあるのに！　全く見えないんだ。そして、ここがおもしろいところだよ。**真のヴィジョン（未来で現実になる美しい調和の本音）を見てしまったら、必ず現実になってしまう。だから人は、投影という見えない眼鏡をかけ続け、気づかないよう、自らを麻痺させて隠す。**実に興味深い——それ程の君の恐怖は、一体、何だったのだろう？」

「統合失調症は、未だ原因がわからず、遺伝の可能性もあるのです。僕の母方の家系には精神疾患者が多く、弟が遺伝ならば、自分もそうなるのかもしれない——無知だった僕は、あの頃、それが酷く怖かったのです」

「なるほど……遺伝研究は今も未確定のままだと、俺の親友の医師も言っていたね」

「はい。回復が難しい妄想型と解体型統合失調症と診断された弟は、敵に襲われる幻覚を見るたび、ヒステリックに声を荒らげました。そんな弟と暮らしていると、**病に対するネガティブな見方と思考が、家族の生活の中心軸になってしまう——**僕にはその**悲観的な見方が中心の介護生活が、どうしてもきつかった**……自分が**怖がっているから、疼いて反応してしまう**のです。社長がおっしゃる通り、怖れの感情が波立ってしまうと、どうしても冷静に弟を見られなくなってしまうのです。一番辛い弟に寄り添いきれないまま……僕は大学を出て、最初に受かった広告代理店に就職をして、週末だけ弟を助けられるよう、近くに家を借りて実家を出ました。距離を置いて関わることで、気づくとその頃から、心理学の勉強と家族の観察を始めていました」

「その観察を〝**ご両親に対する、君の見方**〟のところから聞かせて欲しいな」

「もちろんです。子供だった僕の目の前で起こっていたことから、なるべく装飾をしないで話してみます。僕が八歳、弟が六歳の時に、父は無所属で地方政治家に転向しました。それまで大学の准教授だった父と遅い結婚をした母は、大きな薬局を持った薬剤師の家のお嬢様で、選挙三昧の政治家の妻になることに〝約束が違う〟と、日に日に鬱っぽく睡眠薬を飲み始めました。父も、妻に自分の夢を心から応援してもらえない、共有できないことに〝君のお母さんは人と向き合えない〟と、僕に何度も呟きました。父の実母、つまり

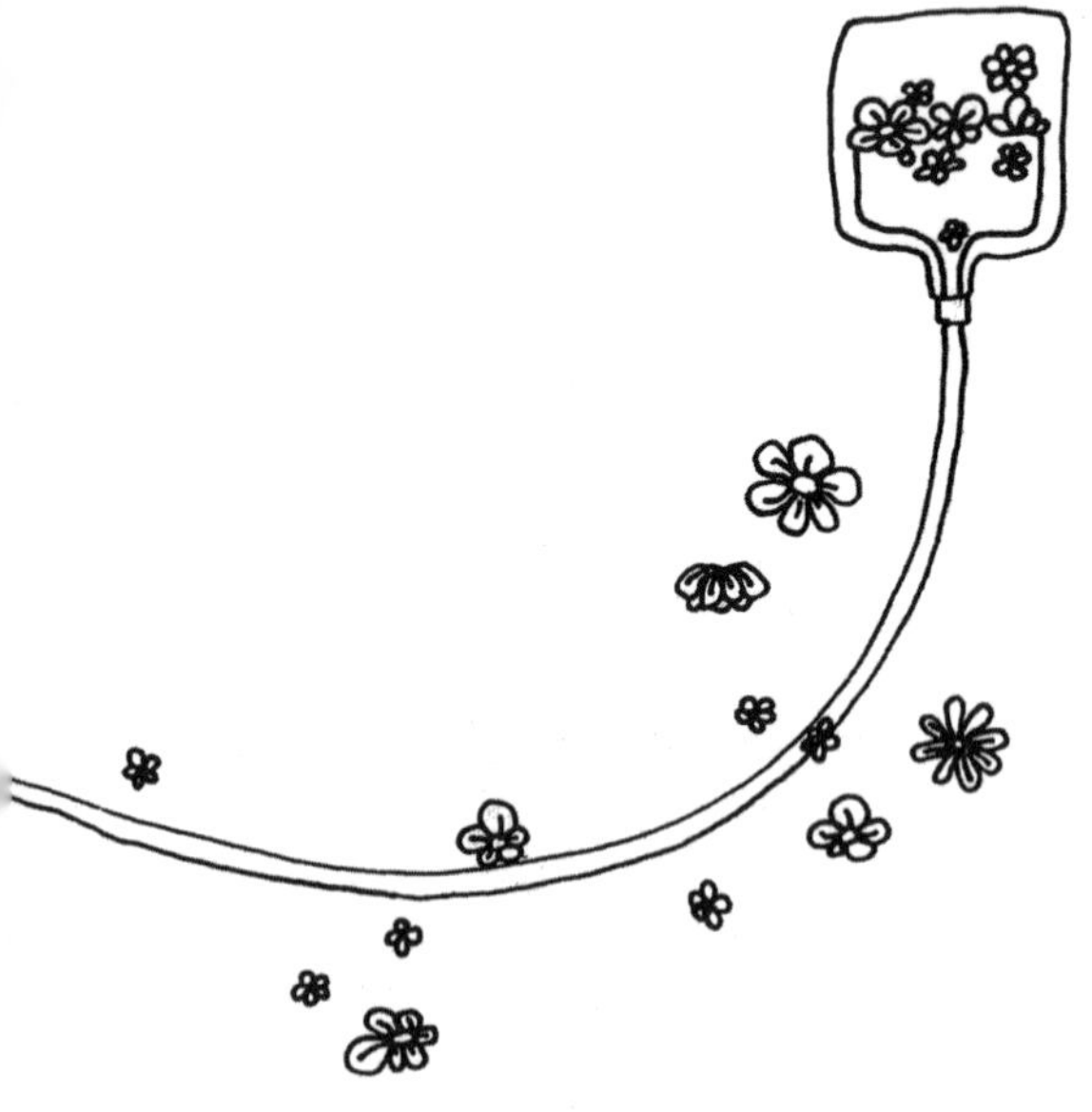

Holy Sign

CHAPTER 08

121

第8章 健康・「看護、介護」

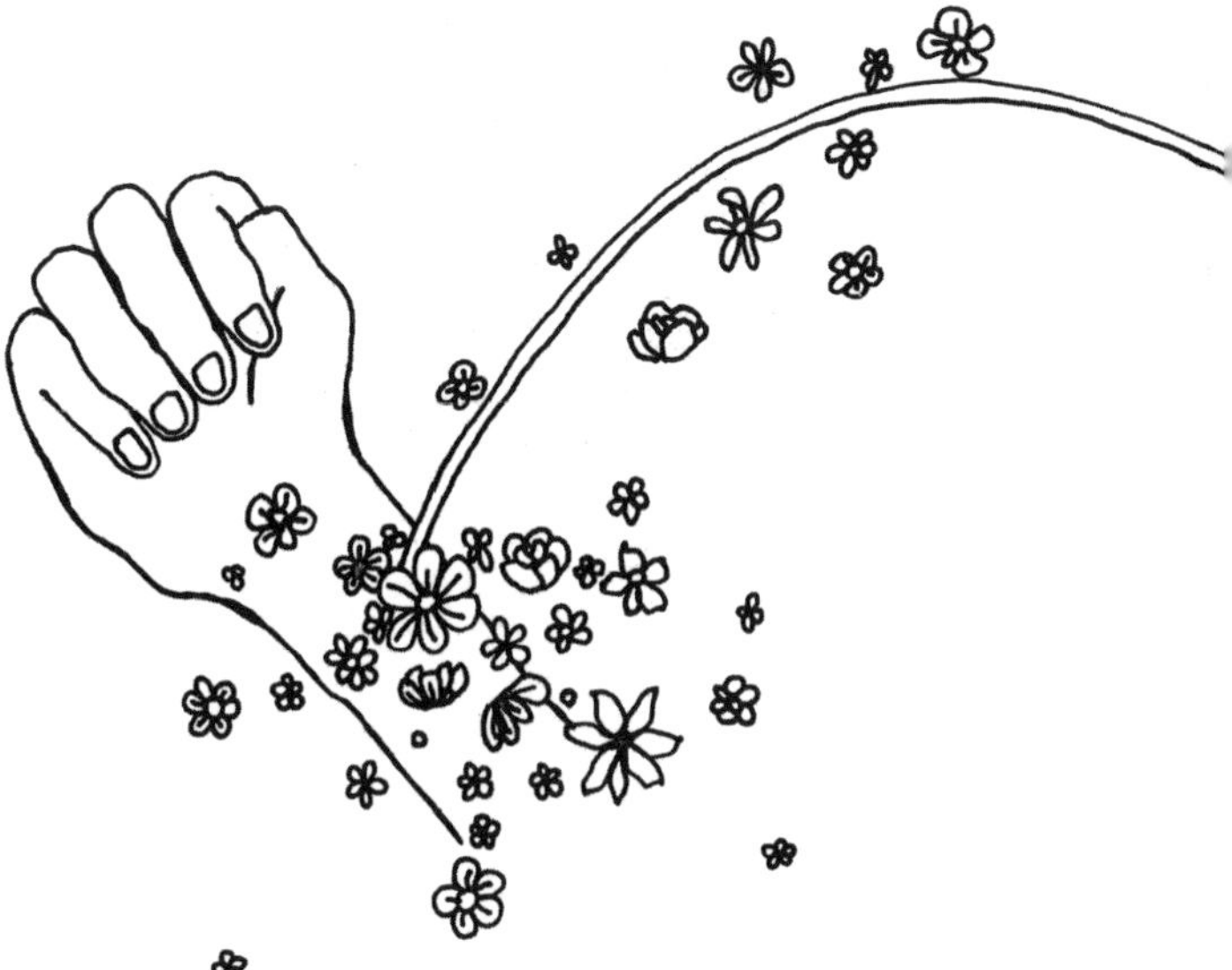

僕の祖母は、夫と離婚をした後、息子の協力も得て携帯電話の部品を海外輸入する精密機械工場を起業した成功者でした。けれども、遺言のように〝離婚は子供に辛い思いをさせるから〟と、父と母の離婚は認めないまま他界しました。当選し、政治家となった父は、離婚と一切の保障の約束を希望しました。そんな父へ批判が止まない鬱の母に、僕は素直に離れてみるのを勧めました。その度に母は〝子供のために離婚はしない〟と言いました。僕等は毎晩、口論や母の泣き声を聴いている方が辛かったので、別々に暮らしていいと頼んでいるのに……。僕は、不自然な二人が、なぜ本音に素直に離れないのか？　が、本当に不思議でした。息子にそれをさせなかった祖母も、不思議でした。家庭内別居と母の鬱が酷くなった頃、弟が発病をしました。彼が二十歳の時でした」

「――**という見方を、子供の君は家族にしていた**、ということだね？」

「その通りです。幼少期の僕の見方です。でも、弟が病気になり、心理学の勉強を始めると――日に日に僕は、別の見方を感じるようになりました。我が家の全員には、それを遺伝と呼ぶならそうかもしれない、**ある同じ特徴がある**のです。父も母も、厳しい親に育てられても、**それでもそんな親に恋をしているかのように彼等を追いかける**のです。**全力で親の期待や思いを自分の指針にして生きている、良い子だという気質がある**のです。**そうやって、自分の気持ちを殆ど見つめることなく、親という別人格の思考と感情を追い続けて生きているので、自分が本当は何をしたいのか？　自分の本音は何なのか？　自分で自分がわからない**のです。**〝それは親の考え方や見方、感情であり、自分ではない〟ものを、全て自分だと勘違いをして、知らぬ間に別人格を生きている――自分の気持ちと、常に不調和であることに、気づけないままの人達**だったのです。鏡の世界である現実に映していくための鋳型が、**自分ではない人格を鋳型（指針）にしているので、それに気づかせるため、必ず自分の思いと不調和の現実が起こっている**のではないか？　祖母もやはり同じく両親が厳格で、**親の期待に応える社会的な成功は達成できても、自分の感情や本音をどう取り扱い、どう生きたらいいのかは、全くわかっていなかった**のです。**全員が、自分自身の真の本音と調和ができていない**のです。

弟はそんな家系の集大成のように、母にとりわけ従順でした。お互い、親に認められたい承認欲求が強いところも似ていたと感じます。鬱気味の母はそんな弟に愛着が深く、弟はきっと、**自分よりも誰よりも母が好き**でした。弟が僕や学校で見せていた顔は寡黙で、時折天才的な資質も発揮する存在でした。けれども、母が自責と他責が深くなる鬱状態と比例するように、彼が発病した後、ヒステリックに喋り出したものの見方や感情のパターンは、非常に母に酷似していたことに驚きました。そのことで僕は、病とは、**自分ではない人格を鋳型（指針）にしていることに気づかせるために、必ず自分との不調和の現実を受けとる結果なのではないか？**　という洞察を持ち始めました。そしてその頃、父が心不全で倒れて他界して――僕等は混乱の極みにいました

「自分が無いまま、相手に認められたいという条件付きで尽くす生き方は、非常に依存的で、お互いの自立を妨げてしまう関係性だ」

「そこなのです……父も亡くなり、僕は、怖れている自分の葛藤を無くして、実家に戻らなければいけないと思案していた時――ふと気づいたのです。母が、元気になっているの

です！　他責が止まらない、結婚と家庭という理想に依存していた鬱気味の母が、です。大黒柱の父が亡くなり、僕も家を出た後の方が、今まで見てきた母の中で、一番生き生きとしていたのです。弱い存在になった弟を看護し、**与えることで、初めて母から自立の力が溢れている笑顔が増えていきました。**その時、病という問題の中には、物凄く大きな調和の采配が溢れていることが、初めて見えた――**病を取り巻く全ての中にも、愛がある、**と……」

「その経験が、君の言う**〝できる〟という全ての条件を備えることと、〝できない〟という全ての条件を無くすことはどちらも同じ。病で条件が凹んだ人の周りでは、看護する側のピースの形が自然と変わり、別の気づきと才能が伸ばされる――人生の目的は、凸になろうとすることではなく、向かい合う関係性の調和が変容していく、全体性の中に在る、**という洞察に繋がったのだね」

「はい、これもまだ僕だけの見方に過ぎませんが……弟は、自分との不一致を続けてきた母にそっくりな姿を、病になった自分が鏡になって生きることで、母の自責と他責という投影で曇った鏡を、ひたすら磨いていたように感じて――」

「素晴らしい……君はこの深遠な調和、愛への洞察を、いつ受けとったんだい？」

「――弟の葬儀で」

Holy Sign

CHAPTER 08

127

第8章　健康・「看護、介護」

〝**家から、**逃げる〟
〝**問題ごとや相手を、**批判する〟
など、否定的な動詞の目的語は全て本当は、
〝**ご自分の本音との調和から、**逃げている〟
〝**ご自分の本音との調和を、**批判している〟
と、**自分との調和の鋳型を、どう扱っているのか？　それに向けられている**
のを、代替えして投影しているだけです。

これがあまりにシンプルな、**全ての問題の見方の真の秘密**です。
不思議なもので、人は、**自分の本音から目を逸らすために、あらゆる複雑怪奇**

な状況を作り出しているに過ぎません。

この驚くほど単純明快な秘密を理解したら、殆どの問題は万事解決となるほどシンプルなのです。

怖がる感情や思考があると、その裏に待っている、自分の真のヴィジョン（未来で現実になる美しい調和の本音）を人は見ることができません。

怖れの感情が死角になって、どんなに本を読んでも学んでも、**自動的に怖れが自分都合の保身の見方や行動をしてしまうため、そこだけが必ず認知できずに見えなくなってしまうから**です。

真のヴィジョン（未来で現実になる美しい調和の本音）をご自分で見てしまったら、必ず現実になってしまいます。

だから人は、投影という見えない眼鏡をかけ続け、気づかないよう、自らの気づきを麻痺させて、ご自分から真実を隠します。

そうやって、ご自分の気持ちを殆ど見つめることなく、親という別人格の思考と感情を追い続けて生きているので、ご自分が本当は何をしたいのか？　ご自分の本音は何なのか？　自分で自分がわからないのです。

〝それは親の考え方や見方、感情であり、自分ではない〟ものを、全てご自分だと勘違いをして、知らぬ間に別人格を生きている――ご自分の気持ちと、常に不調和であることに、気づけないままなのです。

親の期待に応える社会的な成功は達成できても、ご自分の感情や本音をどう

取り扱い、どう本音に正直に生きたらいいのかは、全くわかっていないのです。

それに気づかせるために、自分の思いと不調和の現実が起こっていきます。

病とは、そのような不調和の結果のひとつではありますが、それでも調和の法則は、**病を取り巻く全ての中に、愛を押し広げていきます。**

それは例えば、病や痛みの方を**看護し、与えることで、初めてご自分の自立の力が溢れていることに気づける体験など**——尊い愛がたくさんです。

Holy Sign

CHAPTER

09

第 9 章

健康・
「看取り、亡き命」

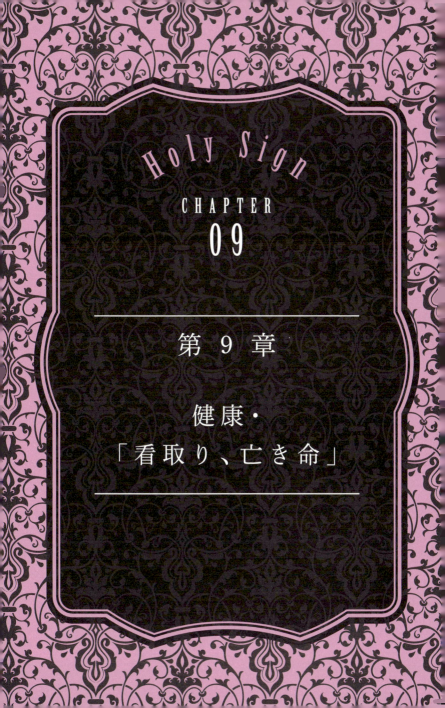

先輩と女子大生のコンサルチームの新代表から、直々にまた「今月のコンサル日を、リスケでお願いしたい。お互いのスケジュールが空いている貴重な日を、幹部との一対一で話をする日に充てたい、何か動くときは連絡をします」と電話があった。急に空いた一日に、社長から「よかったら、全体ミーティングをしよう」と提案され、久しぶりに全員が一堂に集まった。

「それにしても、これまでだって何度も新代表と幹部は話せる時間があったはずなのに——僕達が自分達の感情を見つめ始めた途端、いつもとは違う、何か、大事なことが動き出しているのを感じて……近頃、不思議な気分になるんだよ」

そう、一人の先輩が呟いた途端、僕の口から、思わず言葉が溢れた。

「先代の魂が——全てしてくれているんですよ」

こんな発言をしたら、以前なら顔をしかめたであろう、もう一人の先輩と女子大生が、静かに頷いた。

「この不思議な感じは……もしかしたら、本当にそうなのかもしれないな。あれから、教わった全てを考えるようになった。**感情の鋳型の鏡合わせは、ジャングルジムのつなぎ目のようにお互いを繋いで、関わる人々の過去の感情が、相手の未来を導いていく**のなら——新代表と幹部の亡くなった先代への想いや感情、会社のクレド（企業の信条）が、今、新しい局面を創っているのは事実だ」

「私にはまだ、魂と言われたら解らないことだらけですが……**同じものを映しあう相対性の世界では、人生は、どこかで私と同じ過去を経験した人、私の未来を先に経験している人、そんな人達としか出逢えない。そんな風に、過去と未来はパズルのように〝今、ここ〟で、繋がっている**——そのことを、もっと体験してみたいと思うようになりました」

すると社長は、僕達に微笑みながら、語り始めた。

「ちょうどいいタイミングだと感じるから……今日は、こんな話をしてみようか。俺は大学生の頃、交通事故で一度死んでるんだよ。医師からも心停止、脳停止の診断をされてから、奇跡的にあの世から戻ってきた人間なんだ」

「えっ……しゃ、社長が、ですか？」と、男子インターン生が目を丸くした。

「幽霊ではないから、そんなに驚いた顔をするなよ。その時に謂わば、俺の〝臨死体験〟をヒアリングした精神科の大学院生が、今の親友の精神科医だ」

そう、社長は僕に笑った。

「だからなんですね……社長がこんなに心理学的で、霊的なアプローチを何もかもご存知なのは——」

僕は、これまで社長へ惹かれた魅力の全てが、その時初めて腑に落ちて繋がって、心の底からの安堵が胸に広がっていくのを感じていた。

「社長、一度死ぬって……どんな感じなのですか？　不謹慎かもしれないけど」

一人の先輩が興味津々に身を乗り出し、社長に詰め寄った。

「そうねえ……俺が体験した事実を、忠実に言葉にするのなら——〝死〟は、体から俺の心、魂だけが離れるだけで、俺の意識は何も変わらず、そのままそこに在ったんだよ。体から離れても、俺の意識と心は無くなることはなかったんだ。体から離れた死は、事故によるあらゆる怪我の体のどこも痛くはないし、**痛みがないから怖くもなくなる**んだ。自分の体から離れて、心だけの俺になった途端——**俺の中から、ただ調和が、つまり愛だけがどんどん溢れて、何もかも全てを包んでしまった。**気づいた時には、**怖がる感情は微塵も消えて元から無かったようだった。**更には、ベッドで横たわる俺の体を囲む家族や医師や看護師達、とっくに亡くなっている俺の祖父母達も意識で存在していて、その全員の会話も想いの全ても、**愛という肯定的な想いが全部と繋がって、彼等の心の全てが今、まるで自分の如くに解る**んだ。いや、逆なのかもしれない……体と共に生きていたら感じとれなかった、解らないと思い込んでいた、視えないと決めつけていた相手の想いが、全て解ってしまうからこそ、**ここは〝全員が、ひとつ〟という領域**なのだ——そう、それらを同時に理解できた状態だ。後から俺が、心停止、脳停止をしている間に、家族や医師達全員が会話していた内容も、駆けつけてくれていた離れた場所にいた友達の会話も、俺が知らないはずの祖父母の秘密までも、全て。知るはずのない俺が、一字一句完璧に語ることができた事実を、精神科の院生がヒアリングをし

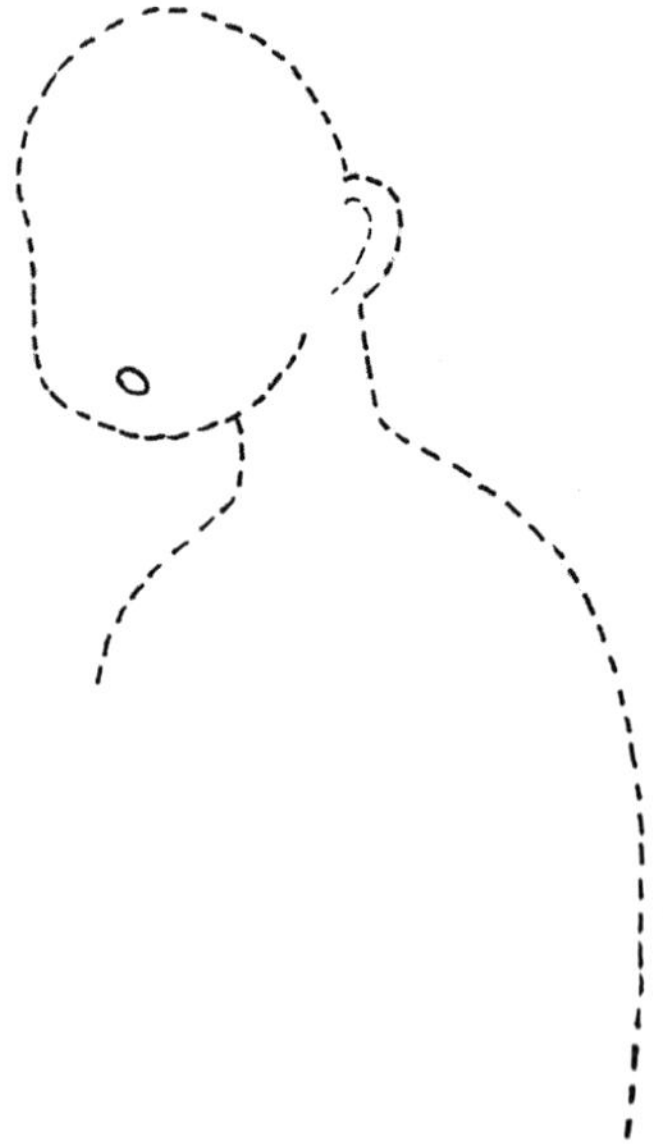

Holy Sign

CHAPTER 09

第9章　健康・「看取り、亡き命」

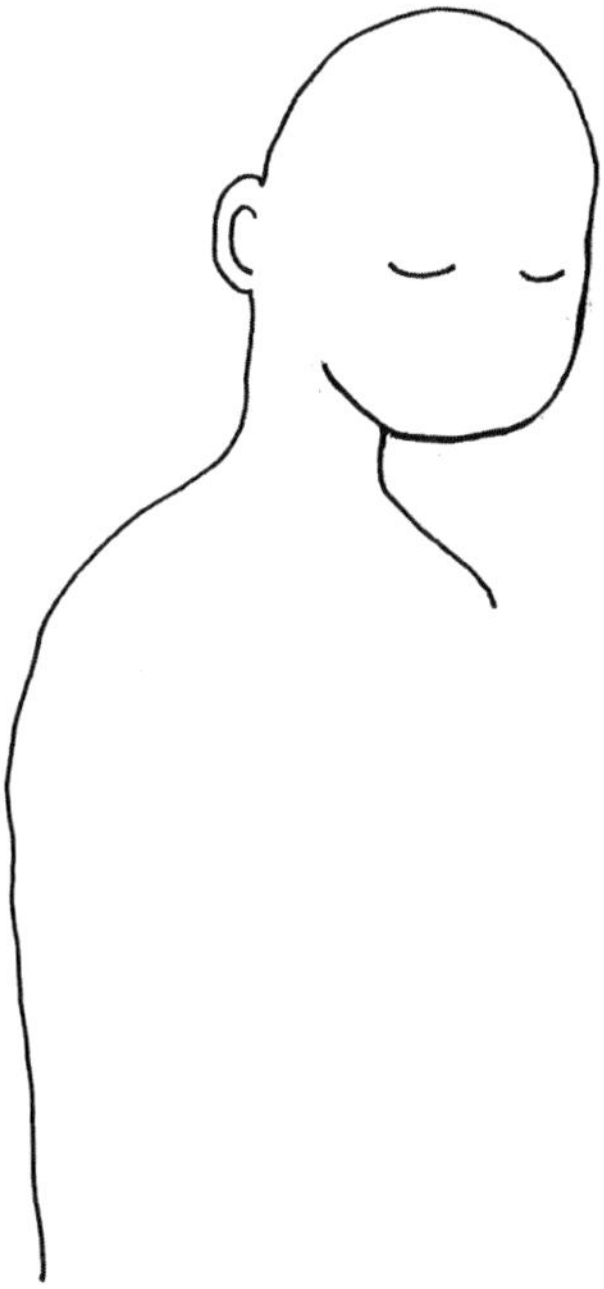

て記録してくれた。**体から離れても命は生きていて、命とは、全てが繋がってい る**――だから、先代も君の弟さんもご両親も。その領域では意識だけの存在で生きていて、今も新代表や幹部の全員と繋がっている。この世に戻ってきてもこなくても、存在には変わりはない。俺が経験したこの記録は、今でも俺の名で大学病院に残されている」

「……凄いな……」

呆気にとられて呟く先輩と全員を、そして、僕を見つめて社長は続けた。

「俺は、凄い体験をしたと伝えたくて話したんじゃないんだ。むしろ人に話したことさえ初めてだ。俺は、君を同期の仲間の会社で見つけて、話をするたび、とても惹かれた。コンサルティングという人間組織を扱う業種でありながら、人の心を主軸にしたメニューがあまりにも少な過ぎるこの業界で、君は、人の心だけを見ていた。俺はたまたま死を体験した過去があって、**人が体から離れて死を迎える時には、残っているものは意識、心だけが残る**ことを知っていた。君の〝**人の心の奥には、実はひとつの調和だけが在り、全てが繋がっている**〟と緻密に話す視点は、俺の経験の的を、どこも外してはいなかった。俺がずっと表現できなかったことを、君は怖がらずに真っすぐに人に伝えようとしていた。根気強く話し、理解されるタイミングも待てる。英断の時は、向こう見ずに行動もしてしまう——こんな男と一緒に会社をやっていけたら、業界に新しい風を吹かせることができるんじゃないかと思った。俺が感じているのに語らずにいた世界を、これだけ表現できる人間にも、もう出逢えない気がした。あの世とこの世も、同じ。〝**全員が、ひとつ**〟なら、俺の思いはどこかで君に伝わると思った。俺の法則への実験だ。そんな時、ふと君に逢いに行ったら、出逢い頭に君が飛び込んできたんだ。あの日が今日に繋がっていたね——素敵な一瞬だ……」

＊

社長の話に全員が感動で言葉を無くし、一旦ランチ休憩となった。

僕は皆とは離れて、一人、会社のベランダで空を見ていた。その隣に、いつの間にか社長が立っていて、僕等は空を見つめたまま話を続けた。

「お話を聴いて……社長は全部、本当は視えてしまう人なのが、解りました」

「ははは。怖がられるから、人には言えないけれどね。一度臨死体験をしたら、命の存在とこの世のことは殆ど解る。君が、弟さんの命と今も繋がっていることも……。弟さんの天才的なところが、君はよく似ていると感じていたが、そうではなかったんだと、二人で話をした時、よく解った。俺はあの時、体は無い弟さんの魂（意識）が君を包んでいるのが解って、君の能力の秘密を知った」

「やっぱりお見通しだ……はい。僕もきっと、幻聴が聴こえる精神疾患の弟と同じです……死も未経験の僕が、今、調和の法則が解るのは――亡くなっても生きて繋がっている弟の魂（意識）が、僕に見方を伝えてくれるからです……」

「解るよ。だから、先代の意識が今、新代表と幹部に流れている時だと、俺達は解るんだよな。俺も、君と弟さんとさほど変わらないさ。でも俺達は狂っているのではないんだ。

〝全員が、ひとつ〟の見方こそが当たり前で、君の言う通り、病の中にも愛があり、本当は、弟さんは自死をしたのではない。病という愛を生きて、愛という調和へ、ただ一人で還っていった。自死とは、一人で逝く強さが誰よりもあっ

ただけだ。本当は当たり前の、誰もが解るはずの、この繋がっている全体性を生き始めたなら――この世では全員、愛の精神疾患者なのさ」

そう笑う社長を見た途端、僕の頬に、温かな何かが流れた。最初はそれが何だか解らなかったほど、弟が他界して十年――僕は初めて泣いていたのだ。

第9章　健康・「看取り、亡き命」での調和の見方のポイント

臨死体験経験者の方達は全員、〝死〟は、体から心（魂・意識）が離れるだけで、意識は何も変わらず、そのまま在り続けていた、と語っていらっしゃいます。

体から命が離れると一切の**痛みが無くなるので、恐怖も無くなるのです。**

そして、体から離れて心だけのご自分になった途端に、**ご自分の中から調和の愛だけが全てを包んでゆくかのように、どんどん溢れて広がっていきます。**

恐怖がる感情が消えていくと、愛という肯定的な想いが、あらゆる命と繋がっているのがはっきりとわかります。

それは、相手の心の全てが、まるでご自分のことのように解ってゆくからで

す。

そこは〝全員が、ひとつ〟という領域で、体から離れても命は生きていて、あらゆる命の全てと繋がっています。

その領域では、亡くなられた方々は、意識だけの存在で生きていて、この世に戻ってきてもこなくても、存在には変わりはありません。

人が体から離れて死を迎える時には、心（魂・意識）だけが残ります。

〝人の心の奥には、実はひとつの調和だけが在り、全てが繋がっている〟

〝全員が、ひとつ〟

この見方こそが、エネルギーの真実です。

病の中にも愛があり、病という愛を生きて、愛という調和へと、ただ一人で還っていく姿が自死――という見方をするならば、**一人で逝く強さが、誰よりもあった、というだけなのです。**

Holy Sign

CHAPTER 09

147

第9章　健康・「看取り、亡き命」

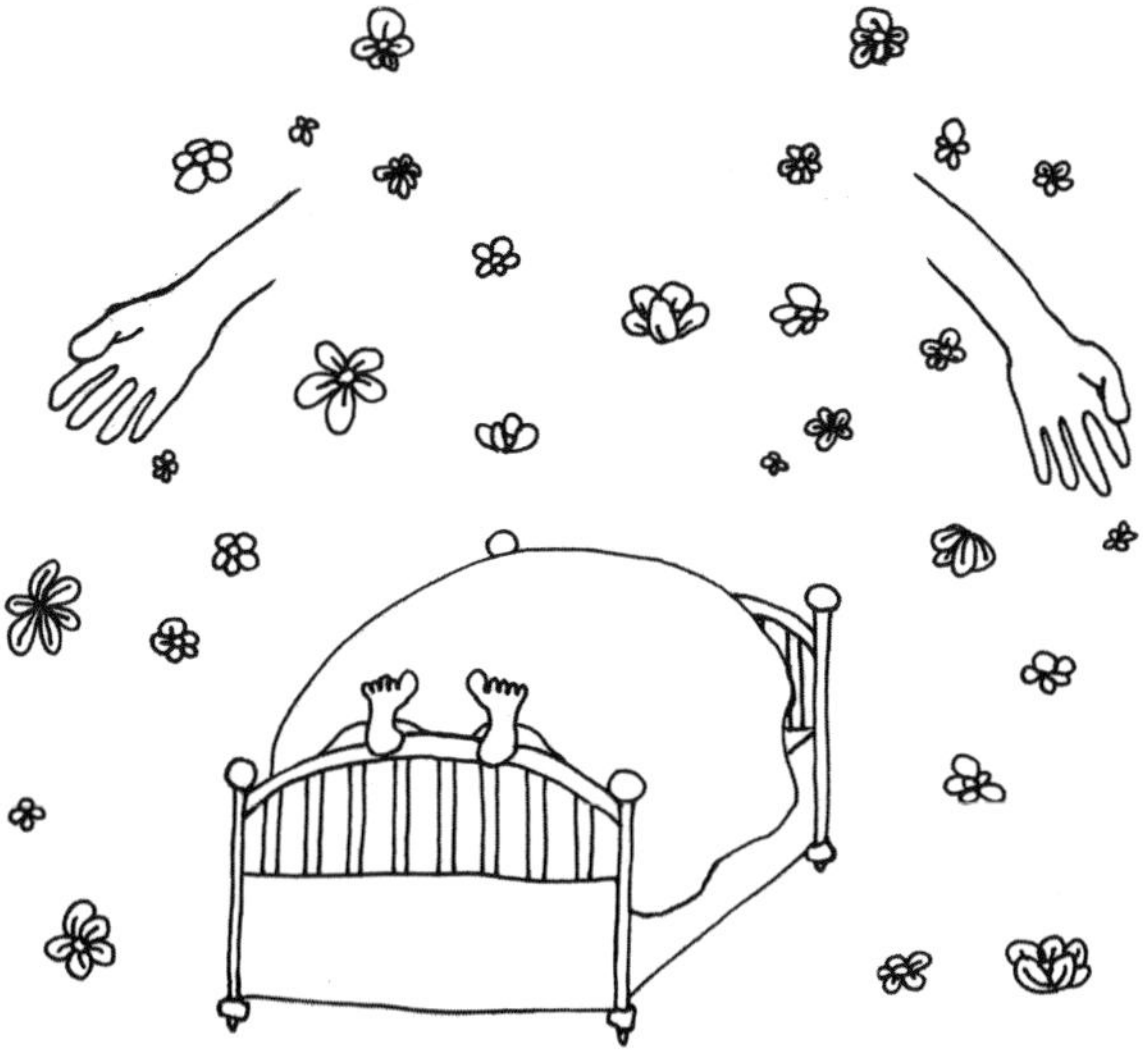

Holy Sign

CHAPTER

10

第 10 章

恋愛・「恋と同棲」

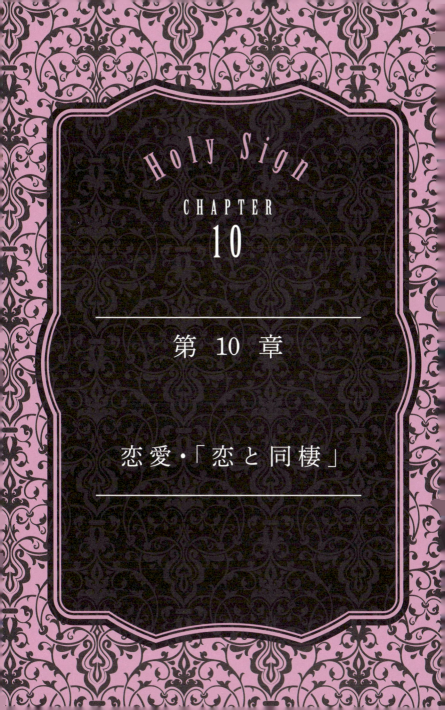

「本当に、その瞬間がふっと現れたんです！　新代表との話し合いでリスケの後のコンサルティングでしたから、私達も緊張していたんです……でも、新代表と全員の前で、**最後にあの幹部の方から、先輩に**〝私に言いたいことがあるなら、言いなさい〟って、そんなこと初めてで……先輩はその時、はっきりと言ったんです、〝自分の本音から、今、選択をしないと後悔します。新代表を見るのをやめて、新代表に託された先代の想いを見るべきだ、それが貴方のしたいことです〟って！　そうしたら、あの口うるさい幹部の方が初めて黙ったんです！　その姿に……大切な想いが幹部の方から溢れてきたのを感じました……」

昼休み、僕とインターンの女子大生が二人で話をするタイミングが届いた。

「社長の洞察の**法則の通りに。向こうからタイミングがやってきた**ね。君が素直に感情の鋳型を見つめてくれたから、次は僕も感情の鋳型を見つめ直せて――最後は先輩が、それを代弁してくれた。ありがとう。君の新生活は順調かい？」

「よかった……はい。同棲していたパートナーは、単身で留学する手続きをしました。そして、〝**私が無意識に取り込んだ母の感情が無くなったら、私の本音は一体何かしら？**〟そう考えながら実家に戻ったら……不思議なことに気づいたんです。私、彼にしてもらいたかったことが、本当は全部、母と姉にしてもらいたかったことだったって……認めてもらいたい、構ってもらいたい――あれ、これ、恋をしている時に似ている？　って……。ということは、私は彼でなく、ずっと母と姉に片思いの恋を繰り返していたのかしらって……」

「素晴らしい洞察だよ。パートナーと暮らすとよくわかる。恋は○○をして欲しい、○○が足りないと、**相手から必ず条件を欲しがる不足が伴う。**まだ何もできない赤ちゃんが、両親に住む家や着る物や食べ物、安心安全を与えてもらって、構ってもらって。思春期になったら、今度は自分を認めて欲しいと、**更に条件を要求する**のと、とても似ている。そして、自分で働いて自分で自分の安全や条件を満たせるようになると、親から自立していく。恋は、その力学と似ているから、**必ず別れる結果になる。条件が満たされたなら、その関係性から自立していく力学が自然と働く**からだ。それが良いとか悪いとか、僕は一言も言ってはいないし思ってもいない。ただ、**条件を与えたり、要求したりしている点が、二つは似ている**と感じるだけだ。**恋の本当の相手はいつだって、育った環境の家族であり、そこで満たされなかった思いの鋳型を、繰り返しプリントアウトをしているのではないか？**　そう、僕は自分の体験から感じていた。その**不足感の鋳型が、世界という鏡に映されている間は、家族ともパートナーとも永遠に片思いだ**」

「恋が親からの自立と同じ……私も、彼に要求していたことが、家族にして欲しかったことと同じでしたものね……でもそれじゃ、親子関係には愛が無い、ということになるのですか？」

「正直、今の親子関係は、親がどんな条件も子供に与えていくことで、自分は無条件に与える力があるか？　というレッスンをしているのがリアルな現状じゃないかな。前に話したように、**無意識に代々の否定的な思考パターンや感情が子供にプリントされていく条件付きの恋のような親子関係**を、無条件の愛へと練習するために現代の親

Holy Sign

CHAPTER
10

第10章　恋愛・「恋と同棲」

子関係はある、というのが実情だと感じるよ」

「確かに……そうかもしれませんね……」

「それは、代々続く、その**家系の不足の思考のリレーバトンが原因**でもある。子供は、家族の思考や感情を、まるでスポンジのように吸収してしまう。でも、何度でも言わせてもらうけれど、**否定的な感情は君のものではない**んだよ。**それが生まれて初めて一番好きになった人の考え方だから、無意識のうちに素直に取り込んでしまっただけ**なんだ。そうやって代々、**不足の感情や思考のバトンがリレーされている、**という現状がある」

「恋のような親子関係が、家系の不足の思考——なら、安心安全の環境で育った人は恋愛関係がスムーズなのですか？　ネガティブな家庭環境の人は、恋愛が条件付きだから成就しない、というルールなのですか？」

「その質問責めの〝私は解らない〟〝私はできない〟という君の心の在り方こそ、不足の概念そのものじゃない？」

「あ……た、確かに……今、不足感満載です、私」

「ふふふ。解っても解らなくても、不足感を持つ必要はない。このままの自分でいいと、ただ自分を認めて安心していい。できる自分もできない自分もどちらも在ると、ただ両方の自分と一致していい。**不足がある自分も満足している自分も、どちらの自分も認めていいんだ。それこそが自分との揺るぎない調和であり、自分の本音とのパートナーシップが鋳型となって、現実の鏡の世界で、自分の本音とぴったりと重なる相手と出逢うパートナーシップを経験できるんだ**」

「自分の本音とのパートナーシップが、現実のパートナーシップの鋳型に？」

「そうなんだ。本当は怖がっているのに安心したふりで、自分の全部を認めていないことを、ちゃんと見ない人。他者からの承認欲求がないと不安な人。嫌われたくない人。**つまり、自分だけの意思で自分自身を信頼できない人――この自分への不信の鋳型が世界に映り、必ず自分を不安にさせる人間関係の問題を作り出す。故に、現実で真に他者と安らぐ関係性を保つのが難しくなるんだよ**」

「……私は自分で自分を認めていない……自分とのパートナーシップができていないです……だからなんですね。家族や人に評価してもらえないと安心できないのは。彼の話を丁寧に聴くよりも、自分を見て欲しい、認めて欲しい、嫌われたくないと、気づかないうちに良い子のふりをしてまで、承認欲求が止まらない私の原因が、これなんですね……」

「自分の全てを認めて安心していて、自分の意志で自分を大切にして、調和していなければ、それ以上深くパートナーや家族、大切な人を大切にできない……。君が自分で自分を認められず、お母さんやお姉さんへの条件付きの承認欲求を持ったままでは、彼の話に寄り添えなかったように。自分を否定している鋳型の通りに、相手を自動的に批判してしまうんだ。そうして、**自分は自分を認めていなかったことに気づくまで、何度でも自分が相手に認めてもらえない経験をする。その原因の鋳型が、自分の心の中に在ったことを見つけられるまで**」

「私も本当にそれを体験したからわかります……あの幹部の方も、先代を慕い続けていたのに、新代表として認められなかった劣等感の不足の原因の鋳型は、私と同じ。ご自分を

Holy Sign

CHAPTER 10

第10章　恋愛・「恋と同棲」

密かに否定していたから、実は大切な弟分だった新代表のことも、たくさん批判してしまったんだって……」

「その通りだ。あの幹部が、先代を**これ以上深く愛したかったら、相手にできることは、もうないんだ。相手との関係性でもっと大きな愛を育みたかったら、自分をどこまでも大切にし続け、自分の力で自分を徹底して正直に愛する選択の行動と生き方をする――自分の本音と調和していることでしか、他に方法がない**んだよ。**そこから先はもう、自分で自分を大切に見つめている人にしか、相手を深くは愛せない。この単純な秘密を、僕たちはみんな知らな過ぎる**」

「……でも、お話を聞くたびに、いつも腑に落ちるのが不思議です……」

「僕は君と同じ、怖かったから――響き合うのかもしれない」

「あなたが、怖い？」

「僕は、父と弟が他界した後、弟が背負ってくれていた、母との関係を見つめる二度目の同居の機会が届いた。逃げたことは、何度でも、向き合うための出来事が世界に映る。僕は君と一緒で、母が苦手だった……つまり、今度は僕が否定的な母の恐怖を吸収して、知らぬ間に怖くなっていたんだ。僕はそれに気づきもせず、懲りずにもう一度逃げ出した──傍目には、幸せな恋愛へ走る形で」

「お母様の親御さんへの恋が流れてきたのですね……その気持ちならわかります……**恋の奥底はいつも、いつか失ってしまう怖さの確信でいっぱいだ、って**」

第10章　恋愛・「恋と同棲」での調和の見方のポイント

恋は○○をして欲しい、○○が足りないと、**相手から必ず条件を欲しがる不足が伴います。**

まだ何もできない赤ちゃんが、両親に住む家や着る物や食べ物、安心安全を与えてもらって、思春期になったら、今度はご自分を認めて欲しいと**更に条件を要求する**のと、とても似ています。

そして、ご自分で働いてご自分の安全や条件を満たせるようになると、親から自立していき、**必ず別れる結果になります。**

条件が満たされたなら、その関係性から自立していく力学が、自然と働くからなのです。

恋の本当の相手は、実は育った環境の家族であり、そこで満たされなかった思いの鋳型を、繰り返しプリントアウトしています。

その**不足感の鋳型が、世界という鏡に映されている間は、家族ともパートナーとも永遠に片思い**です。

この、**無意識に代々の否定的な思考パターンや感情が、子供にプリントされていく条件付きの恋のような親子関係**を、無条件の愛へと練習するために現代の親子関係はある、というのが実情なのかもしれません。

ご自分の全てを認めて安心していて、ご自分の意志でご自分を大切にして調和していなければ、それ以上深くパートナーや家族、大切な人を大切にできません。

ご自分でご自分を認められず、家族への条件付きの承認欲求を持ったままでは、真にパートナーの話に寄り添えなかったり、ご自分を否定している鋳型の通りに、相手を自動的に批判してしまうのです。

そして、ご自分がご自分を認めていなかったことに気づくまで、何度でも、相手に認めてもらえない経験をします。

その原因の鋳型が、ご自分の心の中に在ったことを見つけられるまで。

これ以上深く相手を愛したかったら、相手にできることは、もうないのです。

相手との関係性で、もっと大きな愛を育みたかったら、ご自分をどこまでも大切にし続け、ご自分を正直に愛する選択と行動をする――ご自分の本音と調

和していることでしか、他に方法がありません。

そこから**先はもう、ご自分を大切に見つめている人にしか、相手を深くは愛せないのです。**

恋の奥底はいつも、いつか失ってしまう**怖さの確信でいっぱいで、私達はこの単純な秘密を、思い出せないままでいます。**

Holy Sign

CHAPTER 11

第 11 章

恋愛・「離婚」

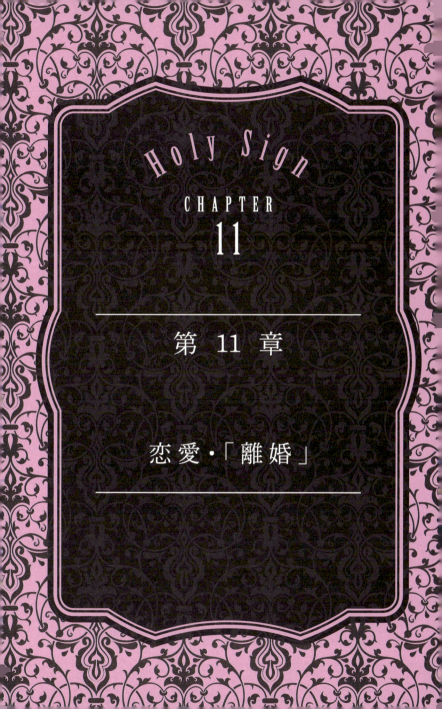

僕とインターン生二人はその日、三人だけで遅くまで残業をしていた。

先輩と女子大生のチームは、新代表と幹部との話し合いの後、先輩の進言後の報告もまだ届かぬまま、一応の半年ごとの契約更新資料を彼女が準備していた。僕とのんびり屋のインターン生チームは、業績が当初の目標を最速の半年でクリアしたため契約終了となり、〝期待以上のコンサルティング効果への謝礼〟として、二倍以上の報酬が振り込まれた決算書をまとめていた。そして、僕達が最後の挨拶に訪れた時、ネット販売の代表から、ある報告を受けたのだった。

「いやあ……全てが順調だったのに、最後に、代表のプライベートの離婚の報告には驚きました。〝自分への見方が変わった途端に、会社へもパートナーへも見方が全部同時に変わって、業績も急激に伸び出した。スムーズな離婚は、まるで小学校から大学院へ飛び級のクラス替えした気分〟って。何か、代表らしい表現で、爽やかに笑っていたから安心しましたけど……でもまあ、この会社の〝感情を見るコンサル方針〟だと、男女がよく別れるものなんですかね？」

インターン生が、そう屈託なく話をふると、女子大生に咳払いをされていた。

「もしかすると君は、〝別れや離婚は、順調じゃないこと〟と思ってる？」

そんな二人に笑って僕が答えると、インターン生はきょとんとして言った。

「え……？　逆に、別れや離婚に、ポジティブな意味なんてあるんですか？」

「もちろんだ。**離婚こそ、この世で一番、調和を経験する出来事なのだから**」

＊

「あの、さっきのお話、別れることって、不調和の結果じゃないんですか？」

残業を終えた僕等は、三人並んで夜道を歩いていた。と、のんびり屋のインターン生がもう一度、質問をした。

「代表がうまく表現していたように、**離婚は、夫婦のどちらかが急激に調和の法則へと導かれていった時に起こる、エネルギーのクラス替え**だ。それは離婚だけじゃない、職場でも同じことがよく見られているはずで――」

「――突然の部署移動とか」

「その通り」

「さすが、彼と別れて、大学院へ飛び級のクラス替えを終えた人！」

「私は元々、院生です！」

僕は二人のやりとりに笑いながら、半年前は会社で会話もなかった彼等が、気づくと伸び伸びと自分を飾らずにいるのを、嬉しく思った。

「彼女には話したけれど、ビジネスでも私生活でも、**特にプライベートで深いパートナーシップを経験したいなら、自分自身の本音を、どこまでも認めていくセルフパートナーシップをまず生きること**だ。すると、**その鋳型が現実に映されて、自分の本音を、全て認めてくれる相手と必ず出逢う。自己受容ができているか？これがパートナーシップの究極のアンサー**だ。五年間の結婚生活だったけど、僕こそ、自分の本音とのパートナーシップから逃げてばかりきたからね」

「結婚と離婚の経験もされてたんですか？　僕、知りませんでした……」

「そう。だから、その答えが痛いほどわかる体験をしてきたんだよ」

Holy Sign

CHAPTER 11

169

第11章　恋愛・「離婚」

「じゃあそこは、私と同じですね……元奥様は、どんな方だったんですか？」

「僕より六つ年上の、聡明で仕事のできる人だったけれど、彼女も同じ。親からの重圧で、結婚を急ぎたかった条件と——僕の条件は、弟だった。病の弟に〝今までの彼女で、一番優しい人だ〟そう言われたことが、嬉しかった……」

「ということは……あなたは、弟さんに恋をしていた、ということですね」

「その通りだ。素晴らしいプロファイリングだね。弟は、看護に喜びを見出した母に応えるよう、どんどん錯乱状態が良くなっていった。彼が急激に正気に戻り始めた時〝仕事もできない自分は、生きていてはいけない〟と罪悪感が押し寄せて——治りかけが一番激しく自責がリターンするから、その衝動に気をつけるよう言われていた矢先に——弟は亡くなったんだよ」

「そうだったんですね……」

「悲し過ぎて、今も僕は弟の命日を思い出せない……だから〝彼女の存在は、弟の遺言なのだ〟と、いつの間にか**弟の考えを自分の鋳型だと勘違いするほど、僕は長く自**

分の本音を知らなかった。依存的な母との同居も始まり、家族へ条件付きの恋をしたまま、僕は自分の本音を間違えたまま、結婚したんだ」

「**——恋は、必ず別れる結果になる。条件が満たされたなら、その関係性から自立していく力学が自然と働くから。その不足感の鋳型が世界という鏡に映されている間は、家族ともパートナーとも永遠に片思い**……そう教わりました」

「覚えていてくれてありがとう。僕等の結婚にもその力が働いた。自分との不調和の鋳型は、関係性の不調和をおもしろいほど作り出した。家族が亡くなり、生きる気力を無くした母が〝緩やかな自死〟の拒食を続けて、後を追うようあっという間に亡くなって——怖れていた否定的な同居の条件が消えた時、僕はやっと気づくことができた。同時に、本当はキャリアを生きたかった彼女も、自分の本音ではなかった、親の期待する結婚や出産という否定的な条件に気づいたんだ。**自分の本音と一致した鋳型に気づいてしまうと、真のヴィジョン（未来で現実になる美しい調和）の方が必ず現実になってしまう**」

「私もそれを体験しました……これは全部、母や姉への感情だと気づいた途端に、パートナーと関係を続ける条件が、一切消えてしまいました。本当に、状況があっという間に変わっていきました……」

「条件付きでスタートした関係が消える時〝一緒にいられなくなることが、真の愛を知る調和の法則だ〟という視点が持てるかどうか？」は、とても大切だ。

なぜなら、条件という同じ否定的な不足感を持って出会った相手とは、必ず別れる出来事を作り出す。反対に、**まだ親に恋をしている自分に気づけず、お互いが恋の投影に執着したままのパートナーが離婚することの方が、難しい。鋳型が恋のままの夫婦は、まだ同じ恐怖や思い込みのレベルなので、引き離すことの方が無理**なのだ。それを**強引に離そうとする時、調停や裁判など第三者を入れ、財産や親権など、更なる条件を挟んで無理に別れようとするので長引き、こじれていく**」

「僕も、そのケースをいつも不思議に思っていました。なぜそんなに別れたがっている二

Holy Sign

CHAPTER 11

人が、スムーズに別れられない案件になるのかなって」

「本当はまだ鋳型が同じものを引き離すことは、法則に反しているから不可能なんだ……。**離婚とは、親への片思いを終わらせる気づきであり、恋が愛に変わった時にしか成立しない。**だからこそ、今、離婚を望むパートナーシップこそ、調和の法則に流れていけばいい。別れたい相手の欠点など、探しても意味がない。相手の欠点を探すことを、むしろ直ちに止める。そうではなくて、自分の心の鋳型を見るんだ。すると、**調和の法則が、必ず愛のゴールへと運んでくれる。条件付きの恋で見ていた相手とは、必ず終わる時が来る。**それに気づけたら、本当の調和が胸の奥から、僕を掴まえに来た……」

「それは――私にも……誰にも掴まえに来ますか？」

「誰にも、だ。例外は一切ない。それが法則だ。人は必ず恋が終わり、本当に愛している自分、愛している相手、愛している仕事へと移行する。そうでなければ、体も心も健康で生き続けることができないんだよ。結婚をしていてもしていなくても、**本音が一番大切**

にしたい人を、素直に一番大切にできているかどうか？　その在り方と言動で、その人の自己否定が強いか弱いかは、すぐ解る。それは結局また、自分を愛せているか？認めているか？　――その鋳型から目を逸らすために使われている結婚が、僕と同様、多過ぎるけれど――それでも僕達は、そのままではいられないんだよ。**僕の離婚という別れは、僕の心に真実の本音が、迎えに来た時だった。それを認めた時、離婚は本当にスムーズ**だった。**離婚こそ、愛がなければできない。勘違いの恋から、愛に還る時――本当の愛が迎えに来て、僕等は正気に戻るんだ。この人は、恋をした家族を写した鏡だった、と**」

Holy Sign

CHAPTER 11

第11章　恋愛・「離婚」

第11章　恋愛・「離婚」での調和の見方のポイント

離婚こそ、この世で一番、調和を経験する出来事です。

離婚は、夫婦のどちらかが、急激に調和の法則へと導かれていった時に起こる、エネルギーのクラス替えです。

ビジネスでも私生活でも、**特にプライベートで深いパートナーシップを経験したいなら、ご自身の本音を、どこまでも認めていくセルフパートナーシップをまず生きること**です。

すると、**その鋳型が現実に映されて、ご自分の本音を全て認めてくれる相手と必ず出逢います。**

自己受容ができているか？　これがパートナーシップの究極のアンサーです。

恋は、必ず別れる結果になります。

条件が満たされたら、その関係性から自立していく力学が自然と働くためです。

その不足感の鋳型が、世界という鏡に映されている間は、家族ともパートナーとも永遠に片思いなのです。


ご自分の本音と一致した鋳型に気づいてしまうと、真のヴィジョン（未来で現実になる美しい調和）が、必ず現実になってしまいます。

条件付きでスタートした関係が消える時〝一緒にいられなくなることが、真の愛を知る調和の法則〟という視点が持てるかどうか？　これはとても大切です。

条件という同じ否定的な不足感を持って出会った相手とは、必ず別れるための出来事を作り出します。

反対に、**まだ親に恋をしていることに気づけず、お互いが恋の投影に執着したまま、無理してパートナーシップを解消することの方が、難しいのです。**

鋳型がまだ同じ恋のままの夫婦は、引き離すことの方が無理なのです。

それを**強引に離そうとする時、調停や裁判など第三者を入れ、財産や親権など、更なる条件を挟んで無理に別れようとするので長引き、こじれてしまいます。**

本当は同じ鋳型を引き離すことは、調和の法則に反しているので不可能です。

離婚とは、親への片思いを終わらせる気づきであり、恋が愛に変わった時にしか成立しないものなのです。

だからこそ、今、離婚を望むパートナーシップこそ、調和の法則に流れていけばいいのです。

別れたい相手の欠点など、探しても意味がありません。
相手の欠点を探すことを、むしろ直ちに止める。
そうではなくて、ご自分の心の鋳型を見るのです。

すると、**調和の法則が、必ず愛のゴールへと運んでくれます。**
条件付きの恋で見ていた相手とは、必ず終わる時が来るのです。
それに気づけたら、本当の調和が胸の奥から、ご自分を掴まえに来ます。
例外は一切ありません。それが法則です。

人は、必ず恋が終わり、本当に愛している自分、愛している相手、愛している仕事へと移行します。そうでなければ、体も心も健康で生き続けることができないのです。

結婚をしていてもしていなくても、**本音が一番大切にしたい人を、素直に一番大**

切にできているかどうか？

その在り方と言動で、その方の自己否定が強いか弱いかは、すぐ解ります。
それは結局また、ご自分を愛せているか？　認めているか？　――その鋳型から目を逸らすために使われている結婚が、多過ぎますが――それでも私達は、そのままではいられないのです。

CHAPTER 11

第11章 恋愛・「離婚」

Holy Sign

CHAPTER

12

第 12 章

恋愛・「結婚」

早朝、社長から全員へメールが届き、僕達が待機していると、朝一番で新代表本人がやってきた。会社と先輩にお礼が言いたいと、心のこもった挨拶だった。

「皆さんのおかげで、私は兄のような先輩と久しぶりに二人で話をすることができました。先日は、何を話した訳じゃなかったのです。先代が生きていた時の思い出や、可笑しな失敗談、私は元々エンジニアで入社しましたから、人付き合いが全くできなくて……そんな私に、話がおもしろくて先代にも社員にも取引先でも人気者の先輩が、内向的な私にたくさんの仲間を紹介してくれました。先輩のお付き合いに呼んでもらえるたび、私は嬉しくて、相談される図面のアイデアや新技術を夢中で提出していたら——気づいたら幹部になっていました。こんな技術屋の私に、思ってもみない交代劇が起こって、皆さんのコンサルティングがなかったら、二度と先輩と元に戻れる機会は持てなかったと思います。先輩は、会社に残ってくれると、今朝、私に電話をくれました。皆さんのカリキュラムは経営と人材育成だけでなく、心があった。特に担当の貴方の一言は、私達は生涯忘れません。私達の本音から今、選択をすること。お互いの違いを見るのをやめて、私達に託された先代のひとつの想い――社員と日本の幸せを支える技術を、共に生みだす会社――それだけを見ること。それが本当に私達のしたいことなのだ、と」

＊

新代表が、引き続き我が社のコンサルティング契約の更新手続きをして帰っていった後ろ姿に、微笑んでいた社長は、先輩に言った。

「新代表の素晴らしいところは、君が幹部に〝**あなたの**選択だ〟と伝えたことを〝**私達**の選択だ〟と解釈されているところだ……本当にありがとう」

「とんでもないです。社長が臨死体験された〝**命は生きていて、命とは、全てが繋がっている**〟――この同じ感覚を、新代表も持っていらっしゃる方でしたね……俺が幹部の方に伝えたことは、弟分の君が俺に教えてくれたことだった。兄貴が先に動いてみる鋳型は、本当に現実にインフルエンス（影響）を与えていく経験をさせてもらった。こちらこそ、君にありがとう、だ」

今度は先輩が、そう僕に微笑んで、僕はそれを受けて、女子大生に言った。

「僕こそ、とんでもないことです。元はと言えば、君が最初に、素直に自分の抵抗する感情の鋳型を見つめてくれたから——全ての関係性の扉が開いたんだ。本当にありがとう」

「男子トイレの聖域のあの法則だね？　**否定的な人物が自分を大事にし始めたら、現実世界が爆発的に好転する**——」

「——ゴムを強く引っ張ったら、もっと遠くまで飛ぶように！」

もう一人の先輩と男子インターン生も、笑いながら合いの手を入れた。

「私……胸がいっぱいです……今、ここに、感謝がぐるぐる廻ってる……」

女子大生は僕を見つめて、笑いながら涙を浮かべてそう言った。

「本当だ……こうやって、**お互いの凸と凹のピースが支え合い、活かし合って、過去も未来も全てがジグゾーパズルのピースのように〝今、ここ〟で繋がっているの**を、全員で体験できた……何て素敵な日だ……」

社長は溢れる笑顔でうつむきながら、そっと呟いた。

＊

美しい調和のエネルギーが流れたおかげで、僕等のチームの仕事が先に終わった途端に、また新しい依頼が突然入った。この案件の担当はもちろん、手が空いている僕に決まり、準備書面の用意で一人残業をして遅くに会社を出た。

するとビルの外に女子大生が立っていた。

「おや？　忘れ物？」

「……いいえ。別の……忘れ物が」

「？」

僕は、女子大生と一緒に夜道を歩きながら、彼女の話を聞いた。

「今日は、本当に素晴らしい体験をありがとうございました……そのお礼を、ちゃんと伝える忘れ物をしました」

そうにっこりと笑う彼女は、本当に綺麗な笑顔をしていた。

「こちらこそ……その丁寧な気持ちが、とても嬉しいよ。僕こそ、たくさんのことをありがとう」

「あなたが教えてくれたことは全て——お金をマッチとして見ること、調和のお金の中心点にいると、そのお金が還ってくること、クライアントとの信頼は、そばにいる仲間と自分を信頼すること、否定的な自分の心があらゆる問題を作り出していること、私達は親に恋をし続けているその全てを認めること……。なぜならそれらの全部が、私が私とのパートナーシップに、繋がっているから——それを素直に生きてみた時、本当に私の人生が動き出しました」

「よかった……」

「……はい」

そう言うと、後は二人で黙ったまま、夜道を歩き続けた。

二人で並んで歩き続けていると、僕の胸の奥からも、不思議なほどたくさんの、これまで関わった会社の仲間や社長、家族や別れた妻、弟とのあらゆる場面が走馬灯のように浮かび上がっては消えていった。そしてふと、たちどまり、僕の口から思わぬ言葉がこぼれた。

「僕達は今、やっとお互いの家族への恋を終わらせることができたみたいだ……」

「……え？　恋が終わったって、どうして今、解ったのです？」

彼女も立ち止まって、僕を見つめて言った。

「……家族や弟との他界も、僕の離婚も、突然の転職も。**これらは全て、最初から問題ではなかった。**長い思い違いが調和へと戻っている道程だったと、今、ふと初めて、確信したから——」

「きっと今、自分の本音と一致したんですね……だからもう、今、失う恋の怖さが消えてしまったんですね」

「——そう……様々な人達と関わることで、僕は自分の怖れを知り、欲を知り、愛を知り、無知を知り……そのことを僕に見せてくれた関わった人達全員が、僕が今一致した〝本当の自分〟なんだ……生きている命も、体から離れた命も、僕に僕を見せてくれた命の全部との一致が、僕が求めてきた、本当の幸福な結婚なのかもしれない……」

「あなたが言うように、これからは結婚の定義が変わるのかもしれないわ……本当の結婚て、何だろうって――」

「……今僕は、とても幸せだ……僕が探していた、本当の自分に出逢えた気分だ……この僕の幸せをくれた人達に、今度は僕がお礼に、全員を本当の自分へと連れていってあげたい……弟を、両親を、社長を、仲間を、クライアントの全員を、別れた妻を、君の家族も、君のかつての恋人も……。出逢えた人達を全て、本当の自分自身へと還してあげたい……！　本音を生きられる心へ、自分への愛が溢れて止まない世界が、僕等の心の中にある、その調和の中へ――それは僕がずっと探し続けて、自分にしてあげたかったことだった……結婚とは、その想いの結果が、結婚でありたい……誰との結婚なのか？　そう、**それは自分自身との本音との一致に他ならない、自分との結婚なんだ……そして今、僕の目の前に居てくれる君も、〝全てが繋がっている〟あなたという僕なんだ**……だから僕は、自分という君を連れて行ってあげたい……その愛の世界に」

「――はい。行きます。あなたと一緒に」

Holy Sign

CHAPTER 12

第12章　恋愛・「結婚」

話を終えた男が微笑むと、女もそっと彼に微笑みました。

「あなたこそが、マーリンと同じ。亡くなった弟さんの声が聞こえる、預言者だったのね
……だからこんなに博学で、何でも知っていたのね」

「そこは、社長と僕だけの秘密で、初めて君に話したことだね」

「大切な秘密を、分かち合ってくれてありがとう」

「こちらこそ、聞いてくれてありがとう」

「ふふ……また、感謝がぐるぐると廻ってる」

「うん」

そう言うと、二人は空を見上げました。

「あ……雨が、いつの間にか止んでる」

「全てのことはこんな風に、気づかないうちに調和の流れが働いて、弟が眺めていたあの
雲のように、僕達は愛の方へ流れていく——僕の心が開いた、あの夜みたいに」

「素敵な夜を思い出して、気づけたわ。こんな小さなチェスのゲームでも、私はまた負け

ず嫌いの劣等感の自分に、戻りそうになっていたのね」

「気がついた？」

「気がついた」

「よかった」

「こうやって……あなたと海外に来られるなんて思いもしなかった」

「僕も解らなかったけれど、これがお姉さんへの恋が終わった証だ」

「きっとどこかで解っていたんじゃない？」

「いいや。きっとこの結末は、祖母や父や母、そして弟が、ここに連れてきてくれた気がするんだ」

「嬉しい……私の姉への恋を、こんな愛へと戻してくれて……私の知らなかった話もいっぱいだった」

「この英知を僕等に届けてくれるのは、様々な人達との繋がりであって、そこには他界した命も含まれている全体性だ。僕の才能なんかじゃない。全員なんだ。全部なんだ。それがマーリン的な物の見方……預言者的、見方なんだ。そして、人生は見た通りになる。それが相対性の地球の量子の力学なんだ。それを阻むものは、その法則の流れに乗れない、反対側に矢印が向いた自己否定の感情だけなんだ」

「本当に、登場人物は何も変わらないのに……見方を変えたら、同じ人生でも、全く別の展開が始まっていったわ」

「同じチェスの盤でも、見方が変わると、戦略の展開が変わるんだ」

「確かに……なのに、なぜ人は、幸福になる見方ができないのかしら？」

「感情のコントロールができないことが、大きな要因だ。でも、反対に言ったら、それだけだ。怖がる思い、間違った見方を、今ここで止めるだけでいい。そして、今日はこのチェスで、君を勝たせてあげるよ」

「わざと負けてくれるの？」

「そう。この盤上では、君の勝ちだ。でも、この僕等のやりとりを眺めている、全てと繋がった全体性の僕がここにいたとしたら、どうだろう？　本当に負けているのは、どちら

EPILOGUE

だろう？　盤上では君が勝った。そして、勝ちをあえて譲った僕の心は、今、とても調和に満ちて晴れやかだ。本当に勝ったのは、どっちだろう？」

「はいはい。確かにあなたの勝ちだわ。勝ちたがった自分が、子供みたいに感じる」

「そうなんだ。つまり、勝ち負けに酔うことは可愛いことで、負けというのは、潔く譲った時に、価値が変わる。そうなった時に、勝ち負けとは、全く等価で、意味が無くなる」

「……なるほどね。確かに、マーリン的な見方ね」

「人はいつも、二つの感情を持っているものだ。調和の道と、欲と憧れの道」

「そうね、私の勝ちたい、欲と憧れの道」

「そう。欲とは、もっと欲しい——つまり、持っていないという憧れと不足の怖れからスタートしているものだ。けれどもそれとは反対の、何も奪おうとせず、見方を変えて、欲しがる者に与えていける調和という愛の道もある。その二つが自分には選択できることを知る。そして、そのどちらでもいい。君は今、勝ちたい自分をとことん表現して認めたら、自分の幼さを素直に認められたね」

「だって、本当にそう見えて、バカバカしくなったの」

「そう。だからこそ、だ。憧れてはいけない。今の自分の欲に憧れて、目標にしたりする恋をせず、欲をとことん見つめて、味わっていいんだ」

「うん。押し付けられた感覚がなく、とても自然に幼さが解った」

「黒なら黒の駒の感情や思いに、とことん黒の経験を自分で自分に重ねていくと――その先には、調和の愛が待っている。黒の道を行くのなら、途中で〝こんな私はいけない〟とか〝あなたのせいだ〟と、自分や他人を責めて中断しないことだ。間違いという調和を生きたらいいんだよ」

「何だか……心が広がるわ」

「選択とは、迷うためにあるものではない。どちらもあり、そして、より豊かな方へと最後は運ばれて行く叡智の自由だ。黒い駒は、そんな自分と似た相手を、ただ許すためだけにある気がする――さあ、君は、次の勝負は、今度は勝つことを選ぶ？　負けることを選ぶ？」

EPILOGUE

「……いいえ。どちらでもない、愛する時間を、次は選ぶ。レッスンをありがとう」

そういうと、女は男にゆっくりと長いキスをしました。

「……僕等は今、見られているの、平気かい？」

「こんな雨に濡れた庭には、誰もいないわ？」

「いるよ。僕達の物語をいつも見ている存在、僕であり、君である僕が、今は亡きマーリンの英知さえも……何もかもと繋がっている僕達が——つまり、第三の視線が、ここに」

と、男は、この物語を読んでいるこちら側に振り返って、微笑みました。

「ほら、もうすでに。本の中の僕等の人生に寄り添い、観察し、あらゆる悲しみと喜びの経験を等しくただ眺めてくれていた——預言者のように、この物語の全ての結果を知っている、あなたという僕が今、ここに」

EPILOGUE

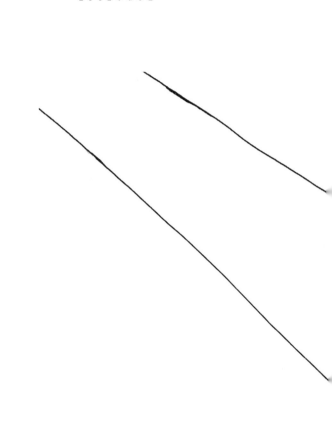

エピローグ

あとがきにかえて

この本を最後までお読みいただきまして、本当にありがとうございます。

この物語は、フォレスト出版さんで配信させていただいています動画配信レッスン「ザ・ギフト」「グローリー」のカリキュラムでお伝えしていることの一部を、物語の形にして書かせていただいたものです。

少壮気鋭の会社のチームのストーリー展開で、心理学の観点から、様々な課題――ビジネスでの人間関係、お金について、売上について、家族の親子や兄弟の問題、健康と病と死、それに伴う介護や看護、恋愛における離婚や結婚についての〝別の見方〟をお伝えしてみようと思いました。

ですので、会社での会話の場面の数々は、フォレスト出版さんのスタッフの皆さんと、たくさんの話をしながら企画を作り、笑ったり泣いたりしながら過ごした日々がモデルになっています。いつも私の全てを許してくれて、私の可能性を見つめてくれて、伸ばしてくれる若いスタッフの皆さんが愛しくて……感謝の思いで一緒にレッスンを創らせていただいている、そのリアルな横顔や会話の数々も書き記してみました。渕野局長、まー、佐和ちゃん、わか、須藤くん、鳥垣さん、本当にどうもありがとうございます。

このような本として出させていただく大変貴重な機会をいただきながらも、重く難しいテーマにも触れているこの作品では、感じていること、私の中に降りてくるアセンデット・マスターからの叡智に、私の表現がまだまだ未熟で硬く読みづらい点は、本当に申し訳なく思います。どうぞ噛み砕いて味わいながら、ゆっくりと調和の法則について味わっていただけたらと思っております。

私もこの主人公のように、私の人生に関わって下さっている方達、私を引き上げて下さった方達に、たくさんのお礼をしたいです……。それはきっと、皆様全員の中に在る、眩しいような愛へと還る道に、私も一緒に、灯りを持って手をつないで行くことなのだと考えてきました。

かっこいいことを書いていますが、とにかくこの物語の表現が難しく、書けない日々が長くて、編集部の皆様には多大なるご迷惑をかけてしまいましたことを、心からお詫び申し上げます。

お伝えしたい、聖なる世界から預かっている、たくさんの書きたいことがあるのに、どうしても文字が出てこない……その弱音もたくさん吐いて、何度も泣いてしまいました。

そんな時に、いつもそばにいて励まして下さった大好きな「ザ・ギフト」「グローリー」の受講生の皆様、小川さん、小田さん、ななちゃん、幸ちゃん、千鶴さん、真紀くん、真緒、マヒナ、バンビ、唃炳さん……本当にありがとうございます。皆様の無条件の愛と優しさが嬉しくて……胸がいっぱいでした。皆さんにお祈りに覚えていただきましたこと、この場をお借りして心からの感謝をいたします。本当にありがとうございます。

そして、今回の執筆は、愛する二人の秘書、北川美保と飯田菜花に。心からの感謝をいたします。チェックのため、原稿を見せていたのが北川と菜花だけでしたので、二人の感想にどれだけ励まされたかわからないです。娘の菜花には、私が採用されないシナリオを書き続けていた時代から、いつも私のそばでイラストを描きながら応援してくれて、私の文章が世に出ることを「大丈夫だよ、そうなるよ」と、ずっと笑ってくれていました。そして今回、そんな菜花との共作で、初めてイラストも描かせていただきました。〝あの日が今日に繋がっていたね――素敵な一瞬だ〟という第9章の社長の台詞は、私達に書きました。本を一緒に創れる日が来たこのギフトは、アセンデット・マスターの時空を繋いでしまう奇跡です。今、マスターに私の全ての感謝を祈ります。本当にありがとうございます。

最後になりましたが、フォレスト出版太田社長さま他、フォレスト出版の皆様、編集者の杉浦さん、デザイナーの皆様に心からの感謝を申し上げます。私の一冊目の本と動画のお仕事の全てのきっかけをくださった杉浦さんへ、言葉にできない感謝をこめまして、この物語を書かせていただきました。本当にありがとうございました。

[著者プロフィール]
佐川奈津子　Natsuko Sagawa

1971年、東京都生まれ。その後、茨城県水戸市で幼少期を過ごす。
幼い頃より祖母と教会に通い、20歳の時に御茶の水キリストの教会にて受洗。
水戸市長の父を持ち、余命宣告を受けた父の海外随行秘書に専念するため、神奈川大学経営学部を中退。

父の死を機に、結婚し一人娘が生まれ、子供服販売をスタート。
累計6億円以上売り上げる実業家としての一面も持つが、2009年、奇跡体験のヴィジョンに従い退社。

双子のように育った実妹と母の死、離婚後、『A Course in Miracles（奇跡のコース、以下ACIM）』を学び始め、奇跡体験を受け取る日々が始まる。

同時に、幼い頃からの直観能力が加速。
類まれなるリーディング力と、自身オリジナルの【現実創造】に特化した「祈りのステートメント」が口コミで広がり、約5,000人以上の人々を奇跡体験に導いている。

現在はカウンセリングだけでなく、事業再生や社員研修、またフォレスト出版による、現実創造に特化した祈りを伝える奇跡体験プログラム『ザ・ギフト』、高波動を生きる人格を育てる上級プログラム『Glory』、祈りとボディへの波動アプローチをテーマとした南フランスリトリートも実施。

心に寄り添い、受け入れることに徹した全肯定のあたたかさ、ACIMの理解の深さに定評がある。

著書に『神さまが味方する すごいお祈り』（フォレスト出版）がある。

https://lovestreams.jp

ブックデザイン／BLUE DESIGN COMPANY
本文イラスト／飯田菜花　佐川奈津子
DTP ／山口良二

神さまのアドバイスを受けとる方法

2019年9月8日　初版発行
2019年9月14日　2刷発行

著　者　佐川　奈津子
発行者　太田　宏
発行所　フォレスト出版株式会社
〒162-0824　東京都新宿区揚場町2-18　白宝ビル5F
電話　03-5229-5750（営業）
03-5229-5757（編集）
URL　http://www.forestpub.co.jp
印刷・製本　日経印刷株式会社

ISBN978-4-86680-049-3　Printed in Japan

たちまち4刷！

読むだけで願いが叶う人、続出！
『神さまが味方する すごいお祈り』

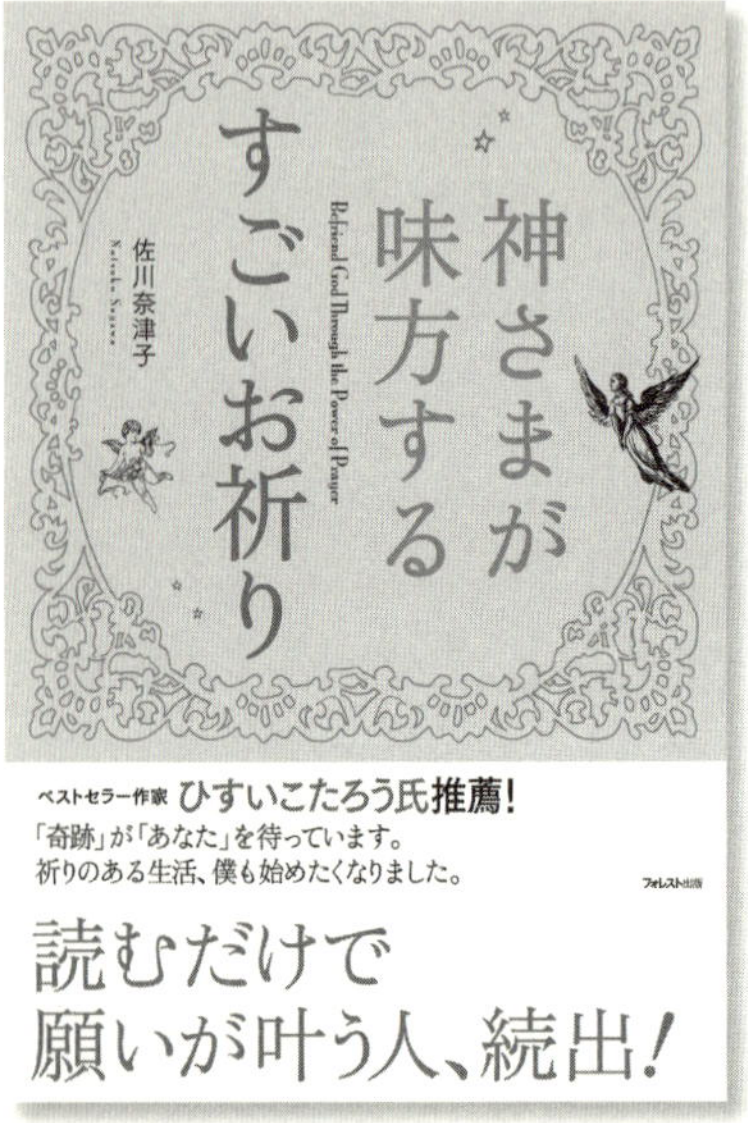

ベストセラー作家
ひすいこたろう氏推薦！

「奇跡」が「あなた」を待っています。
祈りのある生活、
僕も始めたくなりました。

佐川奈津子 著
定価 本体1400円 +税

わたしたち、願いが叶いました！

「この本を読んだ直後、結婚式以来初めて、夫から愛の言葉と感謝を言われ……ほんとうに驚き、うれしかったです」
（主婦 50 代 女性）
「この本を読んだらすぐに『自分の名前が公になる仕事をしたい！』という子どもの頃からの夢が叶いました」（OL 30 代 女性）
「この本に書かれている『すべてはひとつである』ということに気づいたら、結婚して 20 年間、僕に対して怖かった妻が、突然優しくなりました」（自営業 40 代 男性）

200万部超の
ベストセラーのエッセンスを
凝縮した奇跡のレッスン！

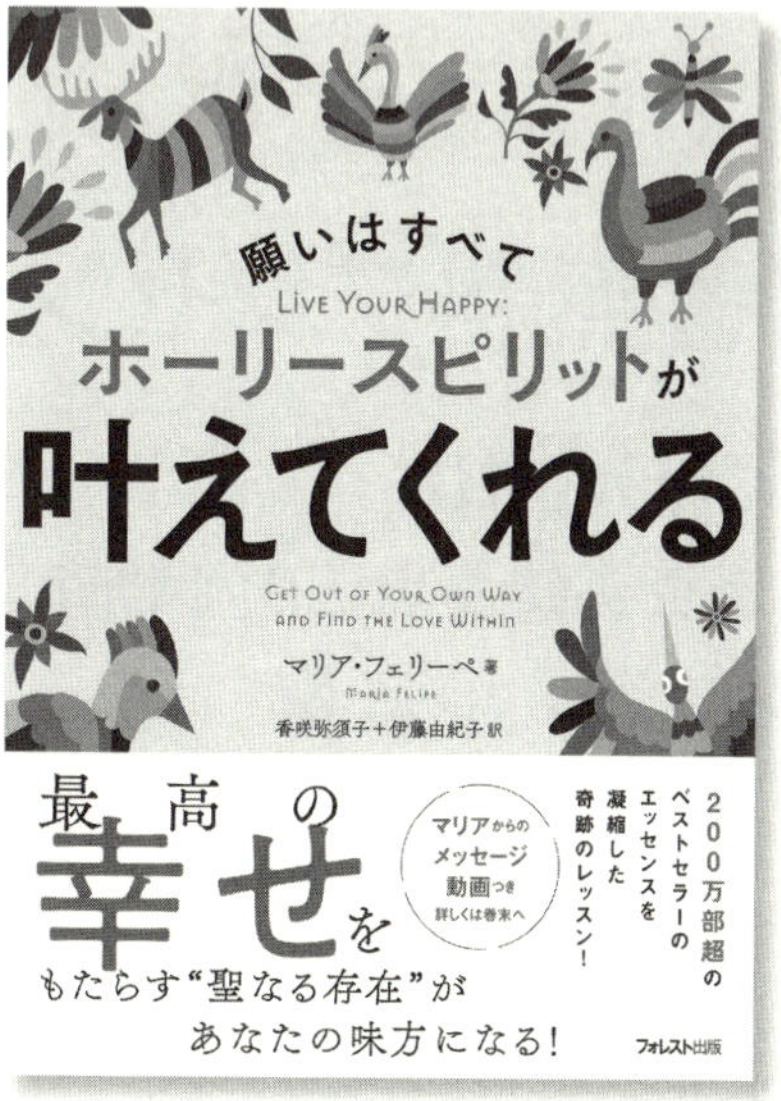

『願いはすべてホーリースピリットが叶えてくれる』

マリア・フェリーペ 著
香咲弥須子　伊藤由紀子 訳

定価 本体1400円 +税

読者無料プレゼントつき！
著者のマリア・フェリーペ氏と訳者の香咲弥須子氏によるスペシャル対談動画です！

※ 特典は、ウェブサイト上で公開するものであり、冊子やDVD・CDなどをお送りするものではありません
※ 特典のご提供は、予告なく終了となる場合がございます